U0060447

小往大來話太極

Tai Ji Chuan and Taipei 101
從太極拳與台北101談起

李清標 著

推薦序

　　李清標先生服務於中華航空公司，擔任人力資源之職務。先生為人謙恭有禮，處事竭盡心力，故在工作上皆能得心應手，勝任愉快。

　　先生熱愛太極拳，暇餘造訪明師高朋悉心求教，長年樂此不疲，終能集各家之精粹。先生雖然身材清瘦，體重未逾半百，但動作鬆柔輕靈，架勢優美，與人推手，皆能應付自如，精妙無比，令人讚賞。

　　由於先生多年來的切身體驗，和對理論的用心探討，並屢在刊物發表心得，博得同好之熱烈回響。先生不吝多年的經驗及研究心得，以其精湛的專業知識，來佐證太極拳之奧妙。爰本其所知簡要的彙編成冊，公諸於世，供愛好者參考，誠吾道之佳音，特此爰書引述，樂以為序。

辛卯年瓜月　**林木火**
謹識

序

一、為何練習太極拳？

　　以前「有錢有閒才練太極拳」，現今社會練太極拳不需有錢，反而是經濟實惠的運動，但在開始決定練習太極拳之前，必先下決心，因它是一個冗長的學習過程。儘管如此，它是費時費事的甜蜜負擔（sweet burden），一旦進入狀況，體會其益處，了解其奧祕，自會著迷。

二、練習太極拳的步驟和面向

練習太極拳一般會經過如下的階段和程序：

（一）熟記拳路：此時最容易打退堂鼓，因枯燥無味，又久久看不出其效用。

（二）糾正拳架：從以手領腰，轉化成「其根在腳，發於腿，主宰於腰，而形於手指」。

（三）感覺脈動：「動盪」為太極拳的基礎。當注意力並不完全在記拳路上，也能以腰帶手，就會開始感到身體舉手

投足的脈動，而領會太極拳功效。

（四）練習攻守：「無敵國外患者，國恒亡。」練拳亦然，不經攻防的洗鍊，則難以體會一招一式的用意，及其精準度。推手練習爲其途徑，功架爲體，推手爲用。

（五）領會鬆柔：「鬆」爲太極拳的精髓。當在練習推手時，不與對方力量相抗，且感知及能走化對方的力量，就會漸漸體驗到「鬆」。

（六）探討哲理：學習太極拳考量的面向——

　　1.鍛鍊身體

　　2.防身

　　3.優雅的藝術

　　4.哲理內涵

　　前面一至三階段可達鍛鍊身體的程度，第四階段就有防身效果，領會到第五階段的鬆，配合以腰帶手的身軀整體動感，就可把拳架之柔美表現出來。再來就是第六階段，對其理論和哲理探研。

三、本書各章要義

本書主要偏重於哲理的探討，各章要義如下：

◎太極拳的建構——外家拳與內家拳的合分

　　章節的排序，依文章性質相近者略作調整，從東方的學說理論發展到太極拳的適用，以利閱讀。也可從而對照發現西方賽局理論的主動強勢，與太極拳的被動順勢，了解東西方思維的差異。

目錄
Contents

目錄
Contents

第六章

矛盾律驗證下之太極拳及其正反合思辯

目錄
Contents

圖

圖　　17

表

表　19

表　21

太極拳與台北101

一、台北 101 的設計

在颱風和地震頻繁之地，蓋世界最高的大樓，必須考量一些因應措施。颱風以其單向在地平線上持續流動的力量，能摧毀所經之地較脆弱的建築。地震以其在地平線下多向之震動力，能剷平地上結構堅強之建造物。

聰明的工程師思考出因應方法——安裝被動式調諧重塊阻尼器（Tuned Mass Damper）。除了鋸齒形的外牆外，從台北101的92樓懸吊重達660公噸的重量塊（Mass Block）（資料來源：台北101網站）。重量塊增加重力，但仍保持大樓的彈性。

當颱風從大樓的東南方吹來，由上而下向內傾斜的外形，將風力破壞並朝地引導同時，儘管大樓有西北傾向，但重量塊仍留在東南方，賦予大樓強大的抓地力。

當地震搖動大樓，重量塊的擺動力量被8根斜向的主要液壓黏滯性阻尼器吸收，仍維持在原地穩住大樓。懸吊重量塊的4條鋼索長度可以適當調整，與大樓的搖動週期諧配，以降低衝擊力達到

最佳效果。

　　在重量塊下方裝有緩衝環來限制往復的擺幅，並連接8根水平緩衝油壓黏滯性阻尼器吸收衝擊力。此外，爲擴大及強化地基，附屬建築與大樓相連，整個地基並加深筏基樁。

二、太極拳文獻

　　在太極推手中，一個人須面對從單向或不同方位之硬力或鬆勁。

　　（一）要處理它，最重要的是記得要讓全身重量鬆沉入地。相
　　　　　關太極拳文獻如下：
　　　　　「氣沉丹田。」
　　　　　「腹鬆氣沉入骨。」

　　（二）爲化解單向來的攻擊，相關太極拳文獻如下：
　　　　　「左重則左虛，右重則右杳。」
　　　　　「偏沉則隨，雙重則滯。」
　　　　　「人剛我柔謂之走。」
　　　　　「引進落空。」

　　（三）爲防禦多方而來的攻擊，功架必須保持中正。只有維持
　　　　　中心線，才能面對多方攻擊保有彈性。相關文獻如下：

「御風何似頂頭懸。」

「精神能提得起，乃無遲重之虞，所謂頂頭懸。」

「虛靈頂勁，氣沉丹田。」

「尾閭中正神貫頂，滿身輕利頂頭懸。」

「立如平準，活似車輪。」

（四）被動。

「本是捨己從人。」

「因敵變化示神奇。」

（五）適中。

「無過不及。」

（六）穩固的下盤。

「馬步、弓箭步。」

（七）陰陽。

「妙在二氣分陰陽。」

「兩儀四象渾無邊。」

「虛實宜分清楚，一處有一處虛實，處處總此一虛實。」

「太極者無極而生，陰陽之母也，動之則分，靜之則合。」

「須知陰陽相濟方爲懂勁。」

「意氣須換得靈乃有圓活之趣，所謂轉換虛實也。」

「變轉虛實須留意。」

「靜中觸動，動猶靜。」

表 1.1：太極拳理論與台北 101 的設計對照表

理論	太極拳文獻及運用	台北 101 的設計
鬆沉	氣沉丹田。	調諧重塊阻尼器增加重力但保持彈性。
走化	左重則左虛，右重則右杳。 偏沉則隨。 引進落空。	大樓鋸齒外形破解風力。 重量塊增加抓地力。
立身中正	御風何似頂頭懸。 尾閭中正神貫頂，滿身輕利頂頭懸。	懸吊式重量塊和主要液壓黏滯性阻尼器的持中穩定效果。
被動	本是捨己從人。	被動式調諧阻尼器。
適中	無過不及。	緩衝環限制重量塊的移動範圍。
穩固的下盤	馬步、弓箭步。	加深加大筏基樁。
陰陽	虛實宜分清楚。 須知陰陽相濟方爲懂勁。	控制重量塊的擺動以達調諧。

三、陰陽相濟

調諧重塊阻尼器的安裝，就會發生鐘擺現象。當大樓移向左變成陽，重量塊留在原地成為陰，儲存能量後以約90度的週期，緊跟大樓的步伐成為陽以釋放能量。當大樓擺到最左邊時，變成陰儲存能量，就會開始釋放能量形成陽。重量塊追隨大樓先前步伐成為陰。當大樓是陽，重量塊是陰。當大樓是陰，重量塊是陽。陰陽替換和諧互補就是太極。

在太極推手，當右手被推時，它就須放鬆變虛，重量放在右腳變實。未著力的左腳是虛，左手則為實。攻擊者的實對防守者的虛，反之亦然。二者互補，達成太極。

當有一處之陰陽顛倒，太極的和諧狀況就會破壞，產生變動，招致無法預期的後果。

無法知曉台北101在建築時，引用調諧重塊阻尼器有無參考太極拳的文獻。有一件事可以確定，運用於推手之太極拳理論，適用於台北101對抗惡烈的自然環境。

註：特別感謝葉雲武、羅清香、林木火老師的教導，使作者得窺太極拳及推手之堂奧而完成本文。

（本文曾刊載於 2008 年楊家祕傳太極拳協會會刊、2008 年新店市太極拳協會會刊、台灣太極拳總會網站、2010 年台北國際太極拳邀請賽論文集）

Tai Ji Chuan and Taipei 101

A. Designs of Taipei 101

To build the tallest building in the world on a land of frequent typhoon and earthquake, some counter measures have to be considered. Typhoon with its constant flowing power from one direction above the horizon can destroy many weak structures it passes. Earthquake with its vibrating forces from all directions below the horizon can shake the strong construction to the ground.

The smart engineers figured out a method to deal with it – installing a passive Tuned Mass Damper (TMD), which suspends a Mass Block with weight of 660 metric tons from the 92th floor of Taipei 101 (data from web site of Taipei 101), going together with the configuration of the building in an indented shape. The Mass Block increases the gravity to, but remains the flexibility of the building.

When the building is hit by typhoon from southeast, while the shape of inward slope from top to down will break and divert the power to the ground, the Mass Block will stay to the southeast to give the building a strong hold regardless of the building tending toward northwest.

When earthquakes shake the building, the Mass Block, of which the swinging forces are absorbed by 8 oblique Primary Hydraulic Viscous Dampers, remains itself at the original position and stabilizes the building. The lengths of the 4 cables dangling the Mass Block are tuned to suitable lengths to keep its swing in harmony with the rock cycles of the building to reduce unnecessary clash forces and ensure its best performance.

At the bottom of Mass Block, a bumper ring connected horizontally with 8 Snubber Hydraulic Viscous Dampers to absorb the impact forces is installed to limit the span of its reciprocating movement. Other than that, to expand and reinforce the base of the building, an annex is attached to the main structure. The entire base is deeply rooted by raft foundation.

B. Doctrines of Tai Ji Chuan

In Tai Ji push-hand, one has to encounter the attacks of hard or soft power from one or various directions.

1. To deal with them, the most of all one has to keep in mind is to relax to let the weight of the body sink to the ground. The lessons are given in the doctrines of Tai Ji Chuan as follows:

"Chi sinks to Dan-Tien."

"The relaxing abdomen will enable Chi to permeate into bones."

2. To ease the attack from one direction, the doctrines of Tai-Ji Chuan give lessons as follows:

"The left side receiving full forces should keep empty, and vice versa."

"Lean and sink to one side to lead the coming power to follow, avoiding both feet are all weighted which will come into standstill;" just like avoiding putting weight on both pedals when riding bicycles.

"The soft response to the opponent's hardness is called slip."

"To divert the forces to vanish."

3. To fend off the attacks from various directions, the posture must keep centered. Only central line being kept will have the flexibility to face different kinds of attacks. The lessons are as follows:

"Surfing wind is so much like suspended at the top of the head."

"Spirit raised high like suspended at the top of the head can be free from stagnation."

"Hold the head straight feeling empty to enable the spirit to raise to the top of the head; sink the Chi to Dan-Tien."

"Keep the coccyx straight in central line and let the spirit reach the top of the head. The whole body feels like suspended at the top of the head."

"Keep the central line straight precisely as scales and turn freely as wheels."

4. Being passive.

"To give up oneself and follow others."

"It is marvelous to follow the opponent to change."

5. Maintaining proper range.

"Not being excess or insufficient."

6. Expanding and strengthening the stance.

Exercise Horse Stance or Bow-Arrow Stance.

7. Being in the state of Yin Yang.

"It is marvelous to divide the Chi into Yin and Yang."

"Yin-Yang and four seasons produce endless power."

"Emptiness and fullness should be clearly distinguished. There is emptiness and fullness in each section. The combination of emptiness and fullness should be done all the time."

"Tai-Ji(chaos) evolving from Wu-Ji (infiniteness) is the mother of Yin-Yang. A movement will divide it; stillness will merge it."

"Only realization of Yin-Yang mutually completing each other can capture the true meaning of Jin."

"The intentions of changes between emptiness and fullness should be free to ensure the flexibility."

"Pay attention to the switch between emptiness and fullness."

"For the touch of movement in stillness, the movement is like stillness."

Table 1.1:Table of Tai Ji Chuan Theory and Designs of Taipei 101

Theory	Doctrines and Practices of Tai Ji Chuan	Designs of Taipei 101
Relax and sink.	"Chi sinks to Dan-Tien."	Tuned Mass Damper (TMD) increasing gravity but keeping flexibility.
Divert the coming power.	"The left side receiving forces should keep empty, and vice versa." "Lean and sink to one side to lead the power to follow." "To divert the forces to vanish."	The configuration of indented shape breaking the power of coming wind. The Mass Block giving the building a strong hold.
Keep the posture straight in central line	"Surfing wind is so much like suspended at the top of the head." "Keep the coccyx straight in central line and let the spirit reach the top of the head. The whole body feels like as suspended at the top of the head."	The still central effect of suspended Mass Block and Primary Hydraulic Viscous Dampers.

小往大來 話太極

Be passive	"To give up oneself and follow others."	Passive TMD.
Remain in proper range.	"Not to be excess or insufficient."	A bumper ring to limit the movement of Mass Block.
Hold a strong base	Exercise of Horse Stance or Bow-Arrow Stance	Expansion of deep raft foundation.
Know Yin and Yang	"Emptiness and fullness should be clearly distinguished." "Only realization of Yin-Yang mutually completing each other can capture the true meaning of Jin."	The control of the swing of Mass Block to reach the state of harmony.

C. Mutual Complement of Yin-Yang

Since TMD is installed, the phenomenon of pendulum will happen. When the building moves to left becoming Yang, the Mass Block will stay put becoming Ying to store energy and then follow the building's pace at the cycle of near 90 degrees to turn into Yang to release the energy. When the building reaches its dead end of left becoming Ying getting the fully accumulated energy, it begins to become Yang again to release that energy. The Mass Block will follow the building's former step to become Ying. When the building is Yang, the MB is Ying. When the building is Ying, the MB is Yang. The interchange of Yin-Yang and this harmonic state of complement are Tai-Ji.

In Tai-Ji push hand, when the right hand is pushed, it should relax to become empty and the weight is put on the right foot to become full. The unloaded left foot should be empty, while the left hand is full of energy. The attacker's fullness meets the defender's emptiness and vice versa. Both persons, mutually completing each other, make the state of Tai-Ji.

Once a section of Yin-Yang is reversed, the harmonic state of Tai-Ji will be interrupted. The violence will occur and lead to unexpected results.

It is not known if the doctrines of Tai Ji Chuan were referred to before the adoption of TMD in the construction of 101. One sure thing is that the theories of Tai Ji Chuan, which are used in practice of push hand, can be applied to Taipei 101 to overcome the fierce nature environments it encounters.

Remarks: Special gratitude is paid to masters, Yeh Yun-wu, Lo Ching-shiang, and Lin Mu-ho. Without their instruction to guide the writer to discover the wonders of Tai Ji Chuan and Push Hand, the completion of this article is impossible.

圖1.1：台北101調諧重塊阻尼器 Taipei 101 TMD

資料來源：李雪萍 攝

第二章

外家拳與內家拳的合分
——淺談太極拳建構

一、外家拳與內家拳貌合神離？

　　外家拳慢打、內家拳快打、陳氏太極發勁，外家拳就會看似內家拳、內家拳形同外家拳，此種情況下如何才能辨識外家拳或內家拳？

　　外家拳亦具備內家拳打拳要領，立如平準、鬆腰坐胯、虛實轉換、其根在腳、發於腿、主宰於腰、形於手指……等，莫不符合拳經拳論。三度世界重量級拳王阿里，自我描述其防守與攻擊「飄浮如蝶，螫刺似蜂」（Float like a butterfly, sting like a bee.），故其一舉動亦如蝴蝶一樣輕靈貫串。那外家拳與內家拳又有何差別呢？

二、外家拳與內家拳的差異

（一）太極拳理傳真中，外家拳與太極拳差異作比較如下表：

表 2.1：外家拳與太極拳差異一

外家拳	太極拳
動作快、快慢不均、有間斷	動作慢、速度相等、無間斷
動作以走直線為主	以走曲線為主
用力大	用力小
呼吸不勻而急促	呼吸均緩深長，練完後不喘
一手一式，思想在目的上，思想外馳	思想在自身的鬆柔中，或守丹田或凝神滿照全身，思想內守
多橫眉露目，精神外露	神態安閒，精神含藏不露
多為手或足的局部動作	全身完整，一動全身俱動
是明勁（外勁）、硬勁、斷勁	是暗勁（內勁）、柔勁、勁不斷
思想較片面，偏於主觀	思想要求全面，比較客觀。推手、散手則完全按客觀情況應敵
以外壯筋骨皮為主	形氣神並練，最終以練神為主

資料來源：張義敬 1999：66

　　《少林遇上武當》一書，余志超先生將二者的主要區別分三項：

　　　1.從外形看：外家拳以剛猛為主，是為剛中有柔；而內家拳則以柔為主，是為柔中有剛。

　　　2.練功方法：少林拳練硬氣功；內家拳遵循道家的「煉精化

氣、煉氣化神、煉神還虛」的過程。

3. 文化內涵：少林拳「主於博人」（黃宗羲）；內家拳強調的是以武證道、以武合道。

此外太極拳尚有其他特性有別於外家拳——

表2.2：外家拳與太極拳差異二

外家拳	太極拳
與對手保持距離	與對手零距離
與對手陰陽不相濟	與對手陰陽相濟
動作走直線	動作成一個圓
氣浮	氣沉
氣與對方並無關聯	氣的提放會受對方影響
不重感覺	重感覺
動力科學	動力科學之外蘊涵哲學

資料來源：作者自製

（二）外家拳與內家拳差異根源歸結一個「鬆」字

外家拳與內家拳之主要差異在於「有力」與「無力」，十三勢行功心解所提「有氣則無力。無氣則純剛」，歸結一個「鬆」字。外家拳以「剛、力」外顯，內家拳以「鬆、柔」內斂。

「祕傳謂力由於骨，勁由於筋。」（鄭曼青1977：47），無

力則鬆，鬆淨氣沉入骨，只餘筋的動作，爲「勁」。

三、外家拳解構與太極拳建構關係式

筋＋力＋距離＝出拳或劈掌＝外家拳

出拳或劈掌－距離－力（＋鬆）＝勁（＋鬆）＝筋

筋－勁＝零＝垮

筋（勁）＋沾連黏隨＝走化或發勁＝太極拳

鬆＋沾連黏隨＝太極拳

四、「鬆」的感知

鬆是一種感覺，如人飲水冷暖自知，難以言傳，亦無法用科學方法檢測。依樣畫葫蘆無法竟全功，所以須花較多時間去體會。

手的感知：面朝牆壁距牆20－30公分，雙腳平立，張開與肩同寬，手舉起朝牆與胸同高，全身放鬆，身向前倒。手碰牆後，身體自動彈回，表示全身鬆透；反之則否。

腳的感知：在捷運車上面對車身側面，雙腳平立與車頭車尾平行，並張開與肩同寬，全身放鬆。車子移動或

停止時，衝力會自動集中在腳底的一點，身子穩立，表示全身鬆透；若是力量分散，不能站穩，表示身體未鬆。

五、「鬆」的用途

為何要鬆？從接地、走化、發勁了解：

接地：透過「掤」。對手搭上己之掤手，其前推力量必朝己之身後，如下圖的A至B至C。如何將其接地呢？鬆柔即可。例如相對距離5公尺的兩個洞，8公尺長的木棒是無法兩邊插入，但竹子柔軟即可。那身體鬆柔如何將力量引導入地呢？鬆使對方的力量無法著力，加上下沉的力量，就會引導入地。其關係如下圖：$\overrightarrow{AB} + \overrightarrow{BD} = \overrightarrow{AD}$。前述腳的感知，即為實例。

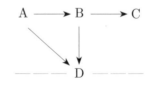

圖2.1：勁力向量

走化：透過「捋」。鬆，因不用力，神經敏感性提高，人不
　　　知我，我獨知人。感覺對方力量，順其來勢轉胯，即
　　　可走化，達四兩撥千金。

發勁：透過「擠、按」。勁蓄而後發，如前述竹子壓縮後回
　　　彈之伸張力，栽根而勁反其向，配合鬆使得對方在
　　　沒有感覺中失勢。「太極拳乃柔中帶剛，棉裡藏針之
　　　藝術」（《太極拳之練習談》楊澄甫口述，張鴻逵筆
　　　錄）。「故善攻者，敵不知其所守；善守者，敵不知
　　　其所攻。微乎微乎，至於無形；神乎神乎，至於無
　　　聲。」《孫子兵法》，鬆最能達到此種功效。

六、沾連黏隨

（一）搭手的沾連黏隨

　　太極拳動靜開合、陰陽變換時，須沾連黏隨不同程度的鬆，
往復折疊才能隨曲就伸。

沾連：人剛我柔時，若即若離，才能達到一羽不能加，蠅蟲
　　　不能落。

黏隨：我順人背時，如膠似漆，在範圍內緊跟不捨，使對手
　　　無所遁。

（二）沾連黏隨至陰陽相濟

變轉虛實須留意，刻刻留心在腰間。爲如轉動平順的圓，不易有切入點，須把握三要三不：

1.三要：因敵變化、主宰於腰、得機得勢

　（1）因敵變化：捨己從人，因勢「力」導，借力使力。

　（2）主宰於腰：腰從尾閭，如車軸，靈活運轉，不偏心。

　（3）得機得勢：陰陽相濟順遂。

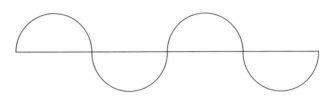

圖 2.2：陰陽相濟順遂

2.三不：不丟不頂不滯

　（1）不丟：沒搭手，與對手產生距離，爲外家拳。

　（2）不頂：頂則不鬆，非內家拳要領。

　（3）不滯：陽實陰虛不相濟或不順則滯：

　　　A.陰陽不相濟：雙重，同爲陽或同爲陰。

a.同爲陽：兩腳同爲實。

圖2.3：雙重：同實

b.同爲陰：兩腳同爲虛。

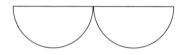

圖2.4：雙重：同虛

B.陰陽相濟不順：形成落差，提前、落後、或停頓。
　a.提前：前腳動作未完成即接後腳。

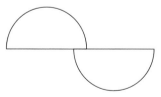

圖2.5：雙重：提前

b.落後：前腳動作已完成，未立即接後腳。

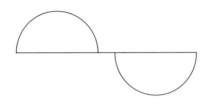

圖 2.6：雙重：落後

c.停頓：虛實已完成循環，未立即開始下一循環。

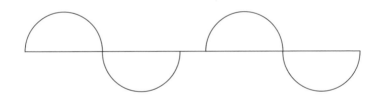

圖 2.7：雙重：停頓

滯為對方著力處，亦即促成對方發勁所在。

七、內家功夫深植是感覺的循序漸進

腹內鬆淨氣騰然，氣遍身軀不少滯，著熟而漸悟懂勁，懂勁而階及神明。

鬆透：先在心後在身，鬆淨氣沉入骨，只餘筋勁。

氣沉：意念放下，氣沉。肩肘提起或著意前推，氣浮。氣沉
仍須藉陰陽相濟保持鼓盪，以防停滯。行氣如九曲
球。

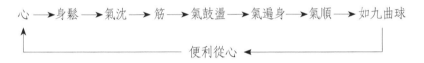

圖 2.8：心氣循環
資料來源：作者自製

懂勁：太極拳是憑「感覺」的功夫，且此種感覺不只是自身
修練而已，會因敵變化，因此更增加其困難度。鄭
子：「余從澄師游七年。為之所苦而難到者。祇有一
勁。曰接勁。若如對方以球擊我。稍一頂撞或截碰。

皆彈出矣。此皆撞勁。非接勁也。必須球來似能吸住。而復擲出。乃爲接勁。」（鄭曼青1977：71）。撞勁如下力的向量圖之回彈力$\overrightarrow{DA}$。接勁則透過鬆，利用其敏感度監控勁，配合腰胯引導來力掌控折回方向和勁道，如向地的$\overrightarrow{DE}$即爲其一。撞勁和接勁的差異在於後者能控制勁，前者則否。要知己知彼能敏銳察覺對手的動向，而作有效的回應，須默識揣摩，假以時日，心領神會後才能從心所欲。

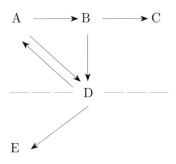

圖2.9：接勁向量

八、太極拳超越科學的哲理

　　不傷人，捨己從人，借力使力，使對方失去平衡；由人制而制人，達到孫子所說「凡用兵之法，全國爲上，破國次之；全軍爲上，破軍次之。」「不戰而屈人之兵，善之善者也。」之兵學最高哲學境界。

九、「科學的武術」或「哲學的武術」

　　外家拳慢打、內家拳快打、陳氏太極發勁，只會增加內外界線的模糊性，均不改變其類別歸屬；只有是否「鬆」才形成質變，才能使其成爲「科學的武術」或「哲學的武術」。

後記：

（一）沾連黏隨的意涵和採用：

沾連黏隨有多種說法：沾連粘隨、沾連黏隨、沾連貼隨、沾粘連隨、沾粘貼隨、沾黏貼隨、沾黏連隨、粘連黏隨、粘黏連隨、黏連貼隨。那麼多種中，何者為是？由於粘與黏均為「附著」的意思，宜取其一。而貼因於黏，所以只採黏而不用貼。沾連黏隨排列方法從接觸、相連、附著、至緊跟之意涵，較接近於太極拳人剛我柔引進落空合即出之用意，故本文採行此種用法。

（二）從葉雲武、羅清香、林木火老師習拳十載，有感老師對太極拳的犧牲奉獻，才不揣簡陋，略表微得，期能拋磚引玉，對太極拳發展有所助益。

（本文曾刊載於2009年楊家祕傳太極拳協會會刊、2009年新店市太極拳協會會刊）

第三章
與太極拳異曲同工的
《孫子兵法》

　　《孫子兵法》是一部貫穿古今中外的兵學巨著；戰爭隨年代的遠近，雖有形態的不同，兵器的更新，戰略思維總不失《孫子兵法》所闡述的兵學理論。大至國家的戰略如此，小至武學的個人博技亦然，太極拳的拳理也因此和《孫子兵法》有甚多相通處，本文將舉其要列表比較說明。

一、太極拳與《孫子兵法》相通

　　兩軍對峙，無不積極的戰勝攻取，但《孫子兵法》強調「不戰而屈人之兵」。兩人推手，目的雖推倒對方，但重在走化，而非一味前推。二者的主要哲理相同──論戰而避戰，其他論點亦相似。《孫子兵法》理論與太極拳拳理相通處如下表：

表 3.1：《孫子兵法》理論與太極拳拳理相通處

項目	《孫子兵法》	太極拳
基礎	道、天、地、將、法。	鬆腰坐胯、立如平準。
目的	利	練、演、賽、戰
謀略	多算勝，少算不勝，況於無算乎。	非功力之久不能運化爾
最高指導原則	不戰而屈人之兵	走化
先決條件	知己知彼	人不知我，我獨知人。
進攻	攻其不備，出其不意。	得機得勢
厚藏實力	因糧於敵	借力使力
氣	主不可以怒而興師，將不可以慍而致戰。	氣沉
刻刻留心	陰陽虛實	陰陽虛實

二、《孫子兵法》理論與太極拳
　拳理相通處展開

（一）基礎

表 3.2：《孫子兵法》理論與太極拳拳理相通處——基礎

篇名	《孫子兵法》	太極拳
始計	道、天、地、將、法。	鬆腰坐胯。立如平準。

　　《孫子兵法》十三篇第一篇〈始計〉，揭櫫「道、天、地、將、法」五事。除了「地」其後有專篇論述外，「道、天、將、法」四者未再特別強調，然其列於首篇，必有其重要性，故才曰「兵者，國之大事，死生之地，存亡之道，不可不察也。故經之以五事，校之以計，而索其情。」

　　為何「五事」那麼重要？道天地將法的用意是什麼？首先須了解此五者的內涵。孫子曰：「道者，令民與上同意也，故可以與之死，可以與之生，而不畏危也。天者，陰陽、寒暑、時制也。地者，高下、遠近、險易、廣狹、死生也。將者，智、信、仁、勇、嚴也。法者，曲制、官道、主用也。」更進一步說：「凡此五者，知之者勝，不知者不勝。」

　　由此可以得知，缺此五者，其後再好的進攻與防守策略或戰

術，均會變成空談。

太極拳之對應是「鬆腰坐胯、立如平準」。此二者如同蓋房子的地基和樑柱，地基不穩，柱子歪斜，房屋無法蓋起；縱然蓋好，也很容易倒塌。推手沒有「鬆腰坐胯」，就無法將對方的力量接地，也無法走化對方來勁。沒有頂頭懸，立身不中正，就很容易被對手推倒。

（二）目的

表 3.3：孫子兵法理論與太極拳拳理相通處——目的

篇名	《孫子兵法》	太極拳
九地	合於利而動，不合於利而止。	得機得勢才發勁。
火攻	非利不動，非得不用，非危不戰。	被動
九變	是故智者之慮，必雜於利害。雜於利，而務可信也；雜於害，而患可解也。是故屈諸侯者以害，役諸侯者以業，趨諸侯者以利。	陰陽相濟
軍爭	兵以詐立，以利動，以分合為變者也。	變轉虛實須留意

戰爭勞師動眾，死傷無數，動搖國本，故必須利大於弊，且別無選擇才能發動戰爭。若不知所戰為何，或雖戰而未能達到預期目的，則將遭到禍害，故曰：「戰勝攻取而不修其功者，凶。」

推手亦然，無效果的前推，就會提供對方著力點，因此先探被動，俟得機得勢才發勁。

打拳的目的有四：練、演、賽、戰。練拳在於技術的精進、表演在於拳腳的華麗、比賽重在一舉一動合乎規格、爭鬥則在於求得勝利。迷失了方向，只是徒勞筋骨，虛擲光陰。

（三）謀略

表3.4：《孫子兵法》理論與太極拳拳理相通處——謀略

篇名	《孫子兵法》	太極拳
始計	多算勝，少算不勝，而況於無算乎？	非功力之久不能運化爾
行軍	兵非益多，唯無武進，足以並立、料敵、取人而已。	無過不及
軍形	昔之善戰者，先爲不可勝。……不可勝者，守也。	後發制人
九變	故用兵之法，無恃其不來，恃吾有以待也；無恃其不攻，恃吾有所不可攻也。	掤捋擠按須認眞

戰爭必須將可動用之資源，作最有效的利用；戰略戰術作最佳的發揮。太極推手亦須保持適當的體力，將技術靈活的運用。沒有規劃的戰爭與呆滯的拳藝，都會招致失敗。

穩定漸進是戰爭與打拳的主要策略要領。第二次世界大戰，德軍利用閃電戰術，所向披靡，陸續輕取法國、盧森堡、比利時、荷蘭等國，在無周全準備下，直接攻向莫斯科，深信短期之內即可拿下蘇聯。但當多天來臨，大雪阻擋了德軍前進速度。士兵無雪地裝備與訓練，很快的就被習於雪地生活的蘇聯士兵擊退。

　　太極推手，盲目的前推並無效果，反而暴露自身的短處，故鄭子說：「不以自落虛空為得也」。

（四）最高指導原則

表 3.5：《孫子兵法》理論與太極拳拳理相通處——最高指導原則

篇名	《孫子兵法》	太極拳
謀攻	不戰而屈人之兵，善之善者也。	走化
作戰	久則鈍兵挫銳，攻城則力屈，久暴師則國用不足。	鬆

　　戰爭，必耗盡國家元氣，不打戰就能達到目的，是上上之策。一旦開戰，也以速戰速決，減少損傷為要。

　　太極拳，鬆不只走化對方來勁，又可養精蓄銳。蠻力的進攻，又被走化，只是徒耗體力；終將精力透支，而無法與對方相較。

三、太極拳建構要項

（一）鬆：先在心後在身，鬆淨氣沉入骨。

（二）沾連黏隨

　　1.三要

　　　　(1) 因敵變化：捨己從人，因勢「力」導，借力使力。

　　　　(2) 主宰於腰：腰從尾閭，如車軸，靈活運轉，不偏心。

　　　　(3) 得機得勢：陰陽相濟順遂。

　　2.三不

　　　　(1) 不丟：沒搭手，與對手產生距離，為外家拳。

　　　　(2) 不頂：頂則不鬆，非內家拳要領。

　　　　(3) 不滯：陽實陰虛不相濟或不順則滯。

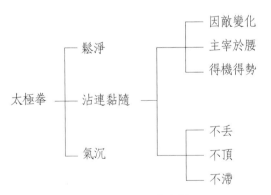

圖 3.1：太極拳建構要項

四、《孫子兵法》原理原則

相對於太極拳，《孫子兵法》原理原則整理如下圖：

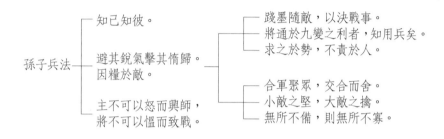

圖3.2：孫子兵法原理原則

對照圖3.1和圖3.2可以得知，《孫子兵法》與太極拳要項關係相對應。

五、進攻與防守的對應

《孫子兵法》原理原則與太極拳建構要項在進攻防守上對應相近。

（一）「知己知彼」對「鬆」

表 3.6：「知己知彼」對「鬆」

篇名	《孫子兵法》	太極拳
謀攻	知己知彼，百戰不殆。	人不知我，我獨知人。
地形	知己知彼，勝乃不殆。知天知地，勝乃可全。	人不知我，我獨知人。
虛實	形兵之極，至於無形。無形則深間不能窺，智者不能謀。	一羽不能加，蠅蟲不能落。

　　知己知彼是了解敵我情勢，相對於太極拳的「鬆」。為何「鬆」能了解彼我？主要因不用力能敏銳的感覺對手力道的變化。若本身用力，自己的力量大於對方，就無從感覺到對方的力量。如同沉默的人，就會聆聽別人說話；而聒噪的人，就聽不到別人的講話，無從知道他人意向。

（二）「避其銳氣擊其惰歸及因糧於敵」對「沾連黏隨」

表 3.7：「避其銳氣擊其惰歸及因糧於敵」對「沾連黏隨」

篇名	《孫子兵法》	太極拳
軍爭	故善用兵者，避其銳氣，擊其惰歸。	沾連黏隨。引進落空，合即出。
九地	始如處女，敵人開戶，後如脫兔，敵不及拒。	靜如山岳、動如江河。引進落空，合即出。
始計	強而避之	人剛我柔
謀政	少則能逃之，不若則能避之。	走化
作戰	取用於國，因糧於敵。	借力使力

　　避實擊虛爲兩軍交鋒二人對打之攻防必須緊守的要領。攻防須講求效益，以最小的成本，得到最大的效果。此地的成本爲人力物力等資源，效果爲預期的目的。如何減少成本的支出，就需防止其損失；而厚植成本的方法，則利用對方的人力物力。

　　「避其銳氣」、「引進落空」爲以「虛」應「實」；「擊其惰歸」、「合即出」則爲以「實」對「虛」。此種陰陽相濟最能符合成本效益。

　　當敵方虛耗其軍力，對手的力量被走化接地後，利用其反彈後退的力量，彼之力加我之力推波助浪，就能事半功倍。

　　「昔之善戰者，先爲不可勝。不可勝者，守也（軍形）。」

正是善用「避其銳氣」與「引進落空」。而攻的時機則在於對方無力防守（擊其惰歸）、及來不及防守（攻其不備）。

（三）「踐墨隨敵以決戰事」對「因敵變化」

表 3.8：「踐墨隨敵以決戰事」對「因敵變化」

篇名	《孫子兵法》	太極拳
九地	踐墨隨敵，以決戰事。	因敵變化。
虛實	兵無常勢，水無常形，能因敵變化而取勝者，謂之神。	捨己從人，因敵變化示神奇。

為何要「踐墨隨敵，以決戰事。」，以敵方為主？為何不反守為攻，取主導的地位。這與前面的「避其銳氣」、「引進落空」，以及「擊其惰歸」、「合即出」是相呼應。因要「避其銳氣」、「引進落空」，就要以守為攻，而非以攻為守。

有謂「攻擊是最好的防禦」，但其前提須能避實擊虛，否則就是與對方力量相抗，導致「小敵之堅，大敵之擒也」，或自落虛空。

李小龍被詢及截拳道的招式，他回應說截拳道無招無式。其意在於截拳道之招式係利用拳術之基本動作要領，「因敵變化」的靈活運用。

（四）「將通於九變之利者知用兵矣」對「主宰於腰」

表3.9：「將通於九變之利者知用兵矣」對「主宰於腰」

篇名	《孫子兵法》	太極拳
九變	將通於九變之利者，知用兵矣。	主宰於腰。
九變	將不通於九變之利者，雖知地形，不能得地之利矣。	主宰於腰。

何謂九變？「九」為「多」，九變係指多變，順應各種情勢，採取應變之道。孫子列舉如下：

「圮地無舍，衢地合交，絕地無留，圍地則謀，死地則戰。塗有所不由，軍有所不擊，城有所不攻，地有所不爭，君命有所不受。」

為何是「將」通九變之利？而不是「君」。因將在外君命有所不受，「將」為戰場之領導人物，其能知情勢變化，當進則進，當守則守，就是了解用兵的道理。

古代戰爭規模較小，通訊不發達，君王戰況資訊不足，故將在外君令有所不受。今日戰爭形態複雜，通訊發達，一國領導人資訊充足，「君命有所不受」是否仍適行，須再思量，雖然如此，戰況仍是變化萬端，故以今日觀念「分層負責，充分授權」，仍有其道理存在。因之，部隊長對所帶領的部隊，面對變化萬端的戰局，仍須負全責隨機應變。

太極拳「其根在腳，發於腿，主宰於腰，而形於手指。」即然「根在腳」，為何不「主宰於腳」？或手及上半身都較靈活，而不「主宰於手或胸」？然根需固守，不能隨便移動；而手或胸雖較靈活，但只限局部，不如腰胯，能帶動全身，達到「一動無有不動」的要求。且「主宰於腰」，才能氣沉，「主宰於手或胸」必氣浮。

（五）「求之於勢不責於人」對「得機得勢」

表 3.10：「求之於勢不責於人」對「得機得勢」

篇名	《孫子兵法》	太極拳
兵勢	故善戰者，求之於勢，不責於人。	得機得勢
兵勢	激水之疾，至於漂石者，勢也。	得機得勢

「得機得勢」是把握最佳情勢之時機，亦就是當情勢大好時，能及時掌握機會，故謂「心為行之主，勢乃戰之機。」。怎樣是情勢大好？在對方的力量加我方的力量而付出己方最少力量時。箭能穿石，或庖丁解牛，均為得其勢。

時間是稍縱即逝，得勢時要能把握時機。最好的練就方法是多製造不同的情境，勤加反應演練，使成為自然反應；才不會時機來時，坐失良機。

（六）「合軍聚衆交合而舍」對「不丟」

表3.11：「合軍聚衆交合而舍」對「不丟」

篇名	《孫子兵法》	太極拳
軍爭	合軍聚衆，交合而舍。	不丟

　　兩國開戰，兩軍就難免對峙，一味的避戰，就可能喪盡士氣而失勢；故重要在掌握兵法要領，明察情勢，冷靜應對。

　　「丟」非太極，也無法達「人不知我，我獨知人。」或「引進落空合即出」。且丟時，形成虛空，給予對方可乘之機。

（七）「小敵之堅大敵之擒」對「不頂」

表3.12：「小敵之堅大敵之擒」對「不頂」

篇名	《孫子兵法》	太極拳
謀攻	小敵之堅，大敵之擒。	頂
九變	銳卒勿攻……窮寇勿追。	不頂，無過不及。
軍爭	無邀正正之旗，勿擊堂堂之陣。	不頂

　　以硬碰硬，所比較的是力量與體積大小、堅硬程度、速度快慢。當實力不如人時，仍硬碰硬，就會遭到挫敗毀亡，故逆來順受，以減少損失。

力薄如此，力大亦須儘量避免損失，以養精蓄銳，調養生息，故不宜與對方力量相抗。

（八）「無所不備則無所不寡」對「不滯」

表 3.13：「無所不備則無所不寡」對「不滯」

篇名	《孫子兵法》	太極拳
虛實	故備前則後寡，備後則前寡，備左則右寡，備右則左寡，無所不備，則無所不寡。	左重則左虛，右重則右杳；仰之則彌高，俯之則彌深。 雙重。
始計	攻其無備，出其不意。	滯
虛實	攻而必取者，攻其所不守也：守而必固者，守其所不攻也。	滯
虛實	水之形，避高而趨下，兵之形，避實而擊虛	引進落空合即出。
虛實	進而不可禦者，沖其虛也；退而不可追者，速而不可及也。	進之則愈長，退之則愈促。
兵勢	以正合，以奇勝。	滯
九地	古之善用兵者，能使敵人前後不相及，眾寡不相恃，貴賤不相救，上下不相收，卒離而不集，兵合而不齊。	滯，陰陽不相濟。

九地	乘人之不及，由不虞之道，攻其所不戒也。	滯
九地	敵人開闔，必亟入之。先其所愛，微與之期。	滯
九地	率然者，常山之蛇也，擊其首則尾至，擊其尾則首至，擊其中則首尾俱至。	陰陽相濟
軍形	不忒者，其所措必勝，勝已敗者也。故善戰者，立於不敗之地，而不失敵之敗也。	我順人背，引進落空合即出。
兵勢	紛紛紜紜，鬥亂而不可亂也；渾渾沌沌，形圓而不可敗也。	虛實宜分清楚。
兵勢	奇正相生，如循環之無端，孰能窮之哉。	陰陽相濟
兵勢	形之，敵必從之，予之，敵必取之。以利動之，以卒待之。	引進落空

　　由於資源和體力有限，故必做最妥善的分配。平均分配，力量分散，對方就可集中力量，個個擊破。如何有效的分配資源和體力，就須懂陰陽虛實的交替互換。

　　因不能與對方力量相抗，所以對方「實」，我就「虛」；對方「虛」，我就「實」。陰陽交替才不會產生停滯力量分散，給

予對方可乘之機。

　　希臘神話故事後被證明為史實的木馬屠城記，希臘軍隊利用木馬潛入攻取特洛伊（Troy），即為「避實擊虛」，「攻其無備，出其不意」之一例。

（九）「主不可以怒而興師，將不可以慍而致戰」
　　　　對「氣沉」

表 3.14：「主不可以怒而興師，將不可以慍而致戰」對「氣沉」

篇名	《孫子兵法》	太極拳
火攻	主不可以怒而興師，將不可以慍而致戰。	氣沉。

　　因敵變化但不能隨之起舞，或「意念在對方的手上」（林木火老師講述），否則就會氣浮。一旦氣浮，則舉止行動就會背離兵法或拳經拳論，給與對方可乘之機。

（十）其他要領

表 3.15：其他要領

始計	兵者，詭道也。	變轉虛實須留意
九變	軍有所不擊，城有所不攻，地有所不爭，君命有所不受。	無過不及。但知方寸隨時守所守。
火攻	夫戰勝攻取，而不修其功者，凶。	自落虛空以爲得也。
虛實	善攻者，敵不知其所守；善守者，敵不知其所攻。	陽中有陰，陰中有陽。
軍爭	軍爭之難者，以迂爲直，以患爲利。	變轉虛實須留意。
行軍	兵非貴益多，唯無武進。	無過不及。
虛實	善戰者，致人而不致於人。	人制至制人
軍爭	後人發，先人至。	後發制人。
兵勢	勢如擴弩，節如發機	蓄勁如張弓，發勁如放箭。
軍爭	其疾如風，其徐如林，侵掠如火，不動如山，難知如陰，動如雷震。	靜如山岳，動如江河。
九地	故善用兵者，攜手若使一人，不得已也。	一舉動周身俱要輕靈。
九地	投之亡地然後存，陷之死地然後生。夫眾陷於害，然後能爲勝敗。	蓄而後發。
九地	並敵一向，千里殺將。	發勁須沉著鬆淨，專主一方。
軍形	見勝不過眾人之所知，非善之善者也。	非功力之久不能運化爾。

「水之形，避高而趨下，兵之形，避實而擊虛」，當敵我均知個中道理時，以虛當實，以實當虛時，我方可能形成避虛擊實，陷入危境，故「先知迂直之計者勝。」

如何「先知迂直之計」？「軍爭之難者，以迂為直，以患為利」，因「善攻者，敵不知其所守；善守者，敵不知其所攻。」為避免落入對方陷阱，也就「軍有所不擊，城有所不攻，地有所不爭」，「兵非益多，唯無武進。」

推手發勁須「沉著鬆淨」，「無過不及」攻中有防，防中有攻，即是「虛中有實，實中有虛」。

然而，「虛中有實，實中有虛」可能又落入「無所不備就無所不虛」，虛實不分，又形成雙重。個中分界，須非常謹慎，所謂「變轉虛實須留意」。

六、《孫子兵法》之虛實與陰陽相濟

表 3.16：《孫子兵法》之虛實與陰陽相濟

虛實	善攻者，敵不知其所守；善守者，敵不知其所攻。
虛實	攻而必取者，攻其所不守也；守而必固者，守其所不攻也。
虛實	水之形，避高而趨下，兵之形，避實而擊虛。
虛實	進而不可禦者，沖其虛也；退而不可追者，速而不可及也。
虛實	兵無常勢，水無常形，能因敵變化而取勝者，謂之神。
虛實	備前則後寡，備後則前寡，備左則右寡，備右則左寡，無所不備，則無所不寡。
兵勢	以正合，以奇勝。
兵勢	奇正相生，如循環之無端，孰能窮之哉。
兵勢	紛紛紜紜，鬥亂而不可亂也；渾渾沌沌，形圓而不可敗也。
九地	古之善用兵者，能使敵人前後不相及，眾寡不相恃，貴賤不相救，上下不相收，卒離而不集，兵合而不齊。
九地	率然者，常山之蛇也，擊其首則尾至，擊其尾則首至，擊其中則首尾俱至。
九地	投之亡地然後存，陷之死地然後生。夫眾陷於害，然後能為勝敗。
九變	軍有所不擊，城有所不攻，地有所不爭，君命有所不受。
軍爭	軍爭之難者，以迂為直，以患為利。
軍爭	兵以詐立，以利動，以分合為變者也。
軍爭	先知迂直之計者勝。
火攻	夫戰勝攻取，而不修其功者凶。

七、太極拳之虛實與陰陽相濟

表 3.17：太極拳之虛實與陰陽相濟

篇名	內容
太極拳論	有上即有下，有前則有後。有左則有右。如意向上，即寓下意。
太極拳論	虛實宜分清楚。一處有一處虛實。處處總此一虛實。
明王宗岳太極拳論	太極者無極而生。陰陽之母也。動之則分。靜之則合。無過不及。
明王宗岳太極拳論	人剛我柔謂之走。我順人背謂之黏。
明王宗岳太極拳論	不偏不倚。忽隱忽現。左重則左虛。右重則右杳。仰之則彌高。俯之則彌深。
明王宗岳太極拳論	偏沉則隨。雙重則滯。
明王宗岳太極拳論	須知陰陽相濟。方為懂勁。
十三勢行功心解	意氣須換得靈。乃有圓活之趣。所謂轉換虛實也。
十三勢行功心解	靜如山岳。動如江河。
十三勢行功心解	蓄勁如張弓。發勁如放箭。曲中求直。蓄而後發。
十三勢行功心解	收即是放。斷而復連。
十三勢行功心解	往復須有摺疊，進退須有轉換。
十三勢行功心解	極柔軟。然後極堅剛。
十三勢歌	變轉虛實須留意。氣遍身軀不少滯。
十三勢歌	靜中觸動動猶靜。因敵變化示神奇。
十三勢歌	屈伸開合聽自由。
體用歌	妙在二氣分陰陽。
體用歌	兩儀四象渾無邊。
體用歌	混身是手手非手。

《孫子兵法》與太極拳拳經拳論均對虛實與陰陽相濟著墨甚多，可見虛實與陰陽相濟的重要性。

陰陽分清但不能相濟，陰是陰，陽是陽，仍是回到停滯現象，無法發生功效，必須二者互補，陰陽相濟方爲懂勁，才能產生力量。例如，磁鐵正負須相吸才有磁力，水位不同形成流通才會產生水力，氣壓不同造成流動才會產生風力，雌雄須交合才能生生不息。

八、纏繞《孫子兵法》與太極拳的蛇

太極拳個人內家功夫的哲理，卻與《孫子兵法》國家軍事對抗的理論高度相通，互相印證了二者的周延與偉大。

九地中「率然者，常山之蛇也，擊其首則尾至，擊其尾則首至，擊其中則首尾俱至。」，而「太極拳就是看到蛇跟鳥打架摹仿來的。」（南懷瑾，《易經繫傳別講》，P.349）「相傳三豐祖師發明太極拳，就是觀看雀蛇的打鬥而悟創的」（張肇平，《論太極拳》，P.282）。蛇之攻守，其陰陽相濟之道不經意的將太極拳與《孫子兵法》的哲理，相應的纏繞在一起。

註解：

1. 踐墨隨敵，以決戰事：不要墨守成規，要隨敵情應戰。

2. 圮地無舍：不易通行的地方，不要駐紮。

3. 衢地合交：處四通八達的要道，應廣交鄰邦。

4. 絕地無留：無後援的地方，勿停留。

5. 圍地則謀：進退困難的地方，就要有突圍的計謀。

6. 死地則戰：進退不得的地方，須全力奮戰。

7. 塗有所不由：有些可走的道路，酌情不走。

8. 敵人開闔，必亟入之：敵人露出破綻，就要迅速乘虛而入。

9. 不忒者，其所措必勝，勝已敗者也：不失差錯的人，所採措施必勝，係勝已有敗象的人。

10. 以迂為直，以患為利：把遙遠彎曲的道路作為捷徑，把不利當有利。

11. 形之，敵必從之：以表象示敵，敵就因以回應。

第四章

老子的空對太極拳的鬆

　　老子思維主要是「無」、「空」、「柔」、「弱」，以與「有」、「滿」、「剛」、「強」相對應。因循環關係，就會形成「無」與「有」、「空」與「滿」、「柔」與「剛」、「弱」與「強」之互換。這種相對關係，受陰陽所主導。

　　本文就從「無」、「無」生「有」、「有」生「無」、「有」、「循環」、「陰陽」、「陰中有陽，陽中有陰」、「有無相生陰陽相濟」等面向探討，尋其與太極拳關係。

一、老子的「無」

　　老子學說各章中，有關「無」的講述摘要如下表：

表 4.1：老子的「無」

章	名 稱	內 容
2	天下皆知美之為美	生而不有，為而不恃，功成而弗居，夫唯弗居，是以不去。
3	不尚賢	虛其心，實其腹，弱其志，強其骨。……為無為，則無不治。
4	道沖而用之或不盈	道沖，而用之或不盈。淵兮，似萬物之宗；……湛兮似或存。
5	天地不仁	虛而不屈，動而愈出。多言數窮，不如守中。
6	谷神不死	谷神不死，是為玄牝。
8	上善若水	上善若水。……夫唯不爭，故無尤。
13	寵辱若驚	及吾無身，吾有何患？
14	視而不見	復歸於無物。是謂無狀之狀，無物之象，是謂惚恍。
15	古之善為道者	古之為善士者，微妙玄通，深不可識。……夫唯不盈，故能蔽而新成。
26	重為輕根	重為輕根，靜為躁君。
27	善行無轍迹	善行無轍跡，善言無瑕讁，善數不用籌策。
36	將欲歙之	柔弱勝剛強。
43	天下之至柔	天下之至柔，馳騁天下之至堅，無有入無間。
44	名與身孰親	知足不辱，知止不殆。
45	大成若缺	躁勝寒，靜勝熱，清靜為天下正。
47	不出戶知天下	聖人不行而知，不見而名，不為而成。
58	其政悶悶	其政悶悶，其民淳淳；其政察察，其民缺缺。
69	用兵者有言	用兵者有言，吾不敢為主而為客，不敢進寸而退尺。是謂行無行，攘無臂，執無兵，扔無敵。
71	知不知	知不知，上：不知知，病。
78	天下莫柔弱於水	天下莫柔弱於水，而攻堅強者莫之能勝。

一般人皆重視「有」、「滿」、「剛」、「強」，大都認為「有」勝於「無」，「滿」勝於「空」，「剛」勝於「柔」，「強」勝於「弱」。老子為何獨推「無」、「空」、「柔」、「弱」？老子認為：1.「無」、「空」、「柔」、「弱」有它的好處，從「上善若水。夫唯不爭，故無尤。」、「及吾無身，吾有何患。」可以看出它可以「無尤」、「無患」。2.「無」、「空」、「柔」、「弱」並不輸於「有」、「滿」、「剛」、「強」，所以說，「天下之至柔，馳騁天下之至堅，無有入無間。」、「天下莫柔弱於水，而攻堅強者莫之能勝。」。

二、太極拳的「無」

表 4.2：太極拳的「無」

不化自化走自走。

太極拳可以說是實際印證「無」、「空」、「柔」、「弱」的功效。當「意念放空，身體放鬆。」，對方攻擊的彎力就會被化解。且在應付對方攻擊的同時，也只有鬆柔才能穿進對方，使對方在不知不覺中失去平衡而失勢。

所以老子的「行無行，攘無臂，執無兵，扔無敵。」，而太極推手面對對方的攻勢也是「不化自走自走，身似行雲打手安用手，渾身是手手非手」的無為。

三、老子的「無」生「有」

　　老子學說各章中，有關「無」生「有」的講述摘要如下表：

表 4.3：老子的「無」生「有」

章	名　稱	內　　　　容
7	天地長久	以其不自生，故能長生。
22	曲則全	曲則全，枉則直，窪則盈，敝則新，少則得，多則惑。……不自見故明；不自是故彰；不自伐故有功；不自矜故長。
33	知人者智	知人者智，自知者明。勝人者有力，自勝者強。……不失其所者久，死而不亡者壽。
37	道常無為	道常無為，而無不為。……不欲以靜，天下將自定。
38	上德不德	上德不德，是以有德；下德不失德，是以無德。
39	昔之得一者	貴以賤為本，高以下為基。……故致數輿無與。
40	反者道之動	反者道之動；弱者道之用。天下萬物生於有，有生於無。
41	上士聞道	明道若昧，進道若退，夷道若纇，上德若谷，大白若辱，廣德若不足，建德若偷，質真若渝，大方無隅，大器晚成，大音希聲，大象無形，道隱無名。

48	爲學日益	爲學日益，爲道日損。……取天下常以無事，及其有事，不足以取天下。
52	天下有始	見小曰明，守柔曰強。
54	善建者不拔	善建者不拔，善抱者不脫。
55	含德之厚	骨弱筋柔而握固。
56	知者不言	知者不言，言者不知。
57	以正治國	以正治國，以奇用兵，以無事取天下。……我無爲而民自化，我好靜而民自正，我無事而民自富，我無欲而民自樸。
61	大國者下流	大國者下流，天下之交……。故大國以下小國，則取小國；小國以下大國，則取大國。
63	爲無爲	爲無爲，事無事，味無味。大小多少，報怨以德。圖難於其易，爲大於其細。天下難事，必作於易；天下大事，必作於細。是以聖人終不爲大，故能成其大。夫輕諾必寡信，多易必多難。
64	其安易持	爲之於未有，治之於未亂。合抱之木，生於毫末；九層之臺，起於累土；千里之行，始於足下。爲者敗之，執者失之。是以聖人無爲故無敗，無執故無失。
66	江海所以能爲百谷王者	是以欲上民，必以言下之；欲先民，必以身後之。……以其不爭，故天下莫能與之爭。
68	善爲士者不武	善爲士者不武，善戰者不怒，善勝敵者不與，善用人者爲之下。是謂不爭之德，是謂用人之力……。
73	勇於敢則殺	不爭而善勝，不言而善應……。天網恢恢，疏而不失。
76	人之生也柔弱	故堅強者死之徒，柔弱者生之徒。是以兵強則不勝，木強則兵。強大處下，柔弱處上。

老子是否懷有「菩提明鏡皆無物」之思維，以「無」、「空」、「柔」、「弱」為目的？從以上所求的「有」、「全」、「盈」、「明」、「彰」、「功」、「長」、「智」、「力」、「強」、「久」、「高」、「貴」、「益」、「富」、「大」等，著重於「得」，而「有生於無」，故得知「缺」、「短」、「空」、「柔」、「弱」「低」等「失」的狀態是一種途徑和利用方式，也因此說「弱者道之用」。

四、太極拳的「無」生「有」

表4.4：太極拳的「無」生「有」

極柔軟。然後極堅剛。

　　老子的「以其不爭，故天下莫能與之爭。」、「不爭而善勝，不言而善應。」而太極拳的由「人制」而「制人」，「被動」而變「主動」亦是同樣道理。故「不爭」「人制」「被動」，均為「勝」、「制人」、「主動」的過程。亦就是「強大處下，柔弱處上。」才能形成循環。

　　即然最後是追求「有」、「滿」、「剛」、「強」，直接追求或利用就好，為何還透過「無」、「空」、「柔」、「弱」？

如前所述，「無」、「空」、「柔」、「弱」有優於「有」、「滿」、「剛」、「強」之處，更合乎成本和省力；沒有它，就難達到預期目的或效果較差。

推手時，須不斷更換對手或當對方耐力較強的情況下，以力服人，最後終體力減不支，而落敗。例如下式：

$$5-2=3$$
$$3-2=1$$
$$1-2=-1$$

自己有5分力量，第1個對手有2分力量，勝得輕鬆，但耗掉2分。第2個對手同樣是2分力量，雖也勝利，但勝得艱辛，亦耗掉2分，只餘1分力量。當碰到第3個對手同樣有2分力量，但自己只餘1分力量，只有落敗。

保持虛空的鬆柔，因不使力，只是把對方的力量走化為零，自己的力量就不致折損。縱然經過3個對手，力量仍能維持5分不變。

五、老子的「有」

表4.5：老子的「有」

章	名　稱	內　　　容
46	天下有道	禍莫大於不知足；咎莫大於欲得。故知足之足，常足矣。

老子亦求「有」與「得」，但反對不知適可而止，故才勸說「知足之足，常足矣。」

六、太極拳的「有」

表 4.6：太極拳的「有」

無過不及。

推手時，當對手已顯現或接近失去平衡，但自己的膝蓋已達腳背時，就不應再前推；若存有即將得手的意念而再行前推，此時對方一放空，或加以牽採，自己就會失足。

七、老子的「有」生「無」

老子談到「無」生「有」，而「有」了以後的態度作法要如何呢，其要分述如下：

表 4.7：老子的「有」生「無」

章	名　稱	內　　　　容
9	持而盈之不如其已	持而盈之，不如其已；揣而銳之，不可長保。
24	跂者不立	跂者不立，跨者不行。自見者不明，自是者不彰，自伐者無功，自矜者不長。
34	大道氾兮	萬物恃之而生而不辭，功成而不有，衣養萬物而不爲主。常無欲，可名於小；萬物歸焉而不爲主，可名爲大。以其終不爲大，故能成其大。
44	名與身孰親	是故甚愛必大費，多藏必厚亡。
45	大成若缺	大成若缺，其用不弊；大盈若沖，其用不窮。大直若屈，大巧若拙，大辯若訥。
51	道生之	生而不有，爲而不恃，長而不宰。是謂玄德。
77	天之道	天之道，損有餘而補不足；人之道，則不然，損不足以奉有餘。……聖人爲而不恃，功成而不處，其不欲見賢。
81	信言不美	信言不美，美言不信。善者不辯，辯者不善。知者不博，博者不知。聖人不積，既以爲人己愈有，既以與人己愈多。天之道，利而不害；聖人之道，爲而不爭。

「功成而不有」、「大成若缺」、「大盈若沖」、「大直若屈，大巧若拙，大辯若訥。」、「生而不有，爲而不恃，長而不宰。」、「爲而不恃，功成而不處」、「善者不辯」、「知者不

博」、「聖人不積」、「利而不害」、「爲而不爭」均是「有」似「無」，或不以「有」自居，以免後悔。

八、太極拳的「有」生「無」

表 4.8：太極拳的「有」生「無」

偏沉則隨。
引進落空。
本是捨己從人，多誤捨近求遠。

「飄風不終朝，驟雨不終日。」因爲循環的道理，「爲者敗之，執者失之。」太極拳利用此種道理，當對方發勁時，先鬆柔不與對方力量相抗；而對方終有力盡及手達控制距離之極限，此刻再行發勁，對方已無力來回應。

九、無極

老子提「無」、「空」、「柔」、「弱」，以及對應的「有」、「滿」、「剛」、「強」，爲陰陽之道。其從混成到相生相長，舉要如下：

表 4.9：無極

章	名　稱	內　　容
25	有物混成	人法地，地法天，天法道，道法自然。

　　有物混成，萬物開源是一種混沌現象。明王宗岳太極拳論，「太極者無極而生，陰陽之母也，動之則分，靜之則合」。無極為混成不明的狀態。

十、陰陽

表 4.10：陰陽

章	名　稱	內　　容
1	道可道非常道	無名天地之始；有名萬物之母。……此兩者，同出而異名，同謂之玄。
28	知其雄守其雌	知其雄，守其雌，為天下谿。
42	道生一	道生一，一生二，二生三，三生萬物。萬物負陰而抱陽，沖氣以為和。

　　萬物由剛柔相磨，陰陽相互激盪合成。

道→一（氣）→二（陰陽）

無極→太極→陰陽

太極拳預備式，處於無極，混成一氣的狀態。移重心的起勢，開始分虛實陰陽。

　　反之，在收勢歸元時，合太極，陰陽又相合為一。

　　陰陽互補成一個圓。

圖 4.1：陰陽互補成一個圓

十一、陰中有陽、陽中有陰

　　老子的相對思維，事物並無絕對好壞損益。

表 4.11：陰中有陽、陽中有陰

章	名　稱	內　　容
11	三十輻共一轂	故有之以為利，無之以為用。
42	道生一	物或損之而益，或益之而損。

有無、利用、益損均是相對的得失；亦爲實虛陽陰的概念。因是相對的一體兩面，是好是壞就須從何種角度來觀看。「有之以爲利，無之以爲用。」裝有水的杯子可以喝，爲利。但裝了水就不能再裝其他東西，但空杯可以，所以空杯也是有用的。故「有」不必喜，「無」亦不須悲，天地是循環的圓。

　　推手發勁爲得，但可能落空而陷入困境，反而是失。對方發勁，己方會被推倒是失，但對方發勁同時就會有虛空處，可以利用而將對方推倒，故得中有失，失中有得；陽中存陰，陰中存陽。

十二、「有無相生陰陽相濟」

　　老子的小往大來的泰卦觀。

表 4.12：陰陽相濟

章	名　稱	內　　　容
2	天下皆知美之爲美	有無相生，難易相成，長短相形，高下相傾，音聲相和，前後相隨。是以聖人處無爲之事，行不言之教。
76	人之生也柔弱	強大處下，柔弱處上。

　　陰在上位才能有無相生，陰陽相濟，促成流通循環。

（一）老子的「循環」

表 4.13：老子的「循環」

章	名　稱	內　　容
23	希言自然	飄風不終朝，驟雨不終日。
29	將欲取天下而爲之	天下神器，不可爲也，不可執也。爲者敗之，執者失之。
30	以道佐人主者	以道佐人主者，不以兵強天下……。物壯者老，是謂不道，不道早已。
36	將欲歙之	將欲歙之，必固張之。將欲弱之，必固強之。將欲廢之，必固舉之。將欲奪之，必固與之，是謂微明。柔弱勝剛強。
40	反者道之動	反者道之動；弱者道之用。
58	其政悶悶	禍兮福兮之所倚，福兮禍兮之所伏。

　　假如沒有循環的道理，無者恒無、有者恒有、弱者恒弱、強者恒強，老子的學說就會無法成立，故循環爲老子思想賴以存在的精髓，也才說「反者道之動」。

（二）太極拳的「循環」

表 4.14：太極拳的「循環」

蓄勁如張弓。發勁如放箭。曲中求直。蓄而後發。
斷而復連。往復須有摺疊。進退須有轉換。
先求開展。後求緊湊。
屈伸開合聽自由
不化自化走自走。足欲向前先挫後。

　　太極拳的蓄放、曲直、往復、進退、開合，就產生動盪，將「一處有一處虛實」「總此處處虛實」，循環不斷，而致「周身節節貫串」。

十三、太極拳是「空」的具體闡述與運用

　　「太極拳是宋朝末年張三豐先生所發明的，其原理則是根據老子的理論，老子這部書是在五經之後，四書之前所著成的。」（〈太極拳之哲理〉鄭曼青主講，李野文筆記。）

　　太極拳將老子空無的哲理，以鬆柔面對陽剛，在武術上作最好的闡述與衍生運用。

註解：

1. 湛：隱沒。（第4章）
2. 數窮：加速毀亡。（第5章）
3. 揣：敲打。（第9章）
4. 轂：車輪中心圓木。（第11章）
5. 蔽而新成：除舊布新。（第15章）
6. 枉：彎曲。（第22章）
7. 不自伐：不自誇。（第22章）
8. 希言：寡言。（第23章）
9. 跨者不行：邁大步反而無法走動（第24章）
10. 自見：自我表現。（第24章）
12. 谿：溪谷，為萬流匯注。（第25章）
11. 謫：過錯。（第27章）
12. 將欲歙之，必固張之：欲退縮，必先伸張。（第36章）
13. 反者道之動：返復是道的運行。（第40章）
14. 昧：不明。（第41章）
15. 夷道若纇：道似顛簸實平。（第41章）
16. 渝：虛。（第41章）
17. 晚成：無定形。（第41章）
18. 沖氣以為和：陽陽二氣激盪產生和氣。（第42章）
19. 無有入無間：柔軟能穿入堅硬的實體。（第43第）
20. 悶悶：無為。（第58章）
21. 淳淳：純樸。（第58章）

22.不與：不交戰。（第68章）

23.行無行：雖有陣式看似無。（第69章）

24.攘無臂：有臂似無臂可舉。（第69章）

25.執無兵：有兵器似無兵器可拿。（第69章）

第五章

太極拳與盡述興衰的易經

　　易經被視為「群經之首」，從伏羲畫八卦，周文王兩兩相重成六十四卦，孔子作「易傳」，「範圍天下之大而不過，曲成萬物而不遺」，世間變化不出其中。故曰「太極生兩儀，兩儀生四象，四象生八卦，八卦辨吉凶，吉凶生大業」。吉凶大業就均在八卦所衍生的六十四卦中。此六十四卦排成一圓周，因時變化定位。為易於了解，列成如下方圖：

坤	剝	比	觀	豫	晉	萃	否	88	87	86	85	84	83	82	81
謙	艮	蹇	漸	小過	旅	咸	遯	78	77	76	75	74	73	72	71
師	蒙	坎	渙	解	未濟	困	訟	68	67	66	65	64	63	62	61
升	蠱	井	巽	恒	鼎	大過	姤	58	57	56	55	54	53	52	51
復	頤	屯	益	震	噬嗑	隨	無妄	48	47	46	45	44	43	42	41
明夷	賁	既濟	家人	豐	離	革	同人	38	37	36	35	34	33	32	31
臨	損	節	中孚	歸妹	睽	兌	履	28	27	26	25	24	23	22	21
泰	大畜	需	小畜	大壯	大有	夬	乾	18	17	16	15	14	13	12	11

圖 5.1：六十四卦方圖

　　此圖由右到左，由下而上，依序排列。卦序爲：乾、夬、大有、大壯、小畜、需、大畜、泰、履、兌、睽、歸妹、中孚、節、損、臨、同人、革、離、豐、家人、既濟、賁、明夷、無

妄、隨、噬嗑、震、益、屯、頤、復、姤、大過、鼎、恒、巽、
井、蠱、升、訟、困、未濟、解、渙、坎、蒙、師、遯、咸、
旅、小過、漸、蹇、艮、謙、否、萃、晉、豫、觀、比、剝、
坤。

　　每卦有六爻的變化，合計有384個爻位。

一、變卦及卦數

　　易經，易者，變也，是一本以卦表現，談「變」的書。卦的
變化有綜變、錯變、交變、互變。

　　綜變：原卦倒轉；初爻變上爻，第2爻變第5爻，第3爻變第4
　　　　　爻，第4爻變第3爻，第5爻變第2爻，上爻變初爻。

　　錯變：原卦之陰陽互換，如乾卦變成坤卦。

　　交變：原卦上下卦反置；上卦變下卦，下卦變上卦。

　　互變：取原卦234爻作下卦，345爻作上卦。

　　變卦彙整成下表：

表 5.1：變卦及卦數

卦	綜變	錯變	交變	互變	卦	綜變	錯變	交變	互變
乾	乾	坤	乾	乾	11	11	88	11	11
夬	姤	剝	履	乾	12	51	87	21	11
大有	同人	比	同人	夬	13	31	86	31	12
大壯	遯	觀	無妄	夬	14	71	85	41	12
小蓄	履	豫	姤	睽	15	21	84	51	23
需	訟	晉	訟	睽	16	61	83	61	23
大蓄	無妄	萃	遯	歸妹	17	41	82	71	24
泰	否	否	否	歸妹	18	81	81	81	24
履	小蓄	謙	夬	家人	21	15	78	12	35
兌	巽	艮	兌	家人	22	55	77	22	35
睽	家人	蹇	革	既濟	23	35	76	32	36
歸妹	漸	漸	隨	既濟	24	75	75	42	36
中孚	中孚	小過	大過	頤	25	25	74	52	47
節	渙	旅	困	頤	26	65	73	62	47
損	益	咸	咸	復	27	45	72	72	48
臨	觀	遯	萃	復	28	85	71	82	48
同人	大有	師	大有	姤	31	13	68	13	51
革	鼎	蒙	睽	姤	32	53	67	23	51
離	離	坎	離	大過	33	33	66	33	52
豐	旅	渙	噬嗑	大過	34	73	65	43	52
家人	睽	解	鼎	未濟	35	23	64	53	63
既濟	未濟	未濟	未濟	未濟	36	63	63	63	63

賁	噬嗑	困	旅	解	37	43	62	73	64
明夷	晉	訟	晉	解	38	83	61	83	64
無妄	大蓄	升	大有	漸	41	17	58	14	75
隨	蠱	蠱	歸妹	漸	42	57	57	24	75
噬嗑	賁	井	豐	蹇	43	37	56	34	76
震	艮	巽	震	蹇	44	77	55	44	76
益	損	恒	恒	剝	45	27	54	54	87
屯	蒙	鼎	解	剝	46	67	53	64	87
頤	頤	大過	小過	坤	47	47	52	74	88
復	剝	姤	豫	坤	48	87	51	84	88
姤	夬	復	小蓄	乾	51	12	48	15	11
大過	大過	頤	中孚	乾	52	52	47	25	11
鼎	革	屯	家人	夬	53	32	46	35	12
恒	咸	益	姤	夬	54	72	45	45	12
巽	兌	震	巽	睽	55	22	44	55	23
井	困	噬嗑	渙	睽	56	62	43	65	23
蠱	隨	隨	漸	歸妹	57	42	42	75	24
升	萃	無妄	觀	歸妹	58	82	41	85	24
訟	需	明夷	需	家人	61	16	38	16	35
困	井	賁	節	家人	62	56	37	26	35
未濟	即濟	即濟	即濟	即濟	63	36	36	36	36
解	蹇	家人	屯	即濟	64	76	35	46	36
渙	節	豐	井	頤	65	26	34	56	47
坎	坎	離	坎	頤	66	66	33	66	47

蒙	屯	革	蹇	復	67	46	32	76	48
師	比	同人	比	復	68	86	31	86	48
遯	大壯	臨	大蓄	姤	71	14	28	17	51
咸	恒	損	損	姤	72	54	27	27	51
旅	豐	節	賁	大過	73	34	26	37	52
小過	小過	中孚	頤	大過	74	74	25	47	52
漸	歸妹	歸妹	蠱	未濟	75	24	24	57	63
蹇	解	睽	蒙	未濟	76	64	23	67	63
艮	震	兌	艮	解	77	44	22	77	64
謙	豫	履	剝	解	78	84	21	87	64
否	泰	泰	泰	漸	81	18	18	18	75
萃	升	大蓄	師	漸	82	58	17	28	75
晉	明夷	需	明夷	蹇	83	38	16	38	76
豫	謙	小蓄	復	蹇	84	78	15	48	76
觀	臨	大壯	升	剝	85	28	14	58	87
比	師	大有	師	剝	86	68	13	68	87
剝	復	夬	謙	坤	87	48	12	78	88
坤	坤	乾	坤	坤	88	88	11	88	88

資料來源：作者整理

二、卦數計算

以九九重卦法，「乾兌離震巽坎艮坤」，分別以「12345678」表之。2位數字左邊爲下卦，右邊爲上卦，下上卦依八卦序排列，下卦每列一卦，上卦每欄一卦。個位數從1增至8，爲9進位，最高數字爲88，所標記爲各卦卦數。

綜變：以15372648的順序編排，因與原卦倒轉，因此左邊的數字依15372648至8時，右邊才進位。其順序亦爲15372648。

錯變：原卦之陰陽反過來，因此1就變成8，2變成7，3變成6，4變成5，5變成4，6變成3，7變成2，8變成1。換言之，逕以99減原卦數就成錯變，例如，夬卦12，以99減，得87，爲剝卦，即是夬卦的錯變。

交變：原卦上下卦反置，在數字上則將個位和十位數異位，個位之數字置於十位，十位之數置於個位，如需卦16，異位成61，爲訟卦。在排序上，因與原卦異位，因此左邊的數字依12345678至8時，右邊才進位。

互變：卦數的排列上，以下卦重覆4次，上卦重覆2次進行。因下卦爲陽或陰，均有2卦重覆，故互卦有16卦，重覆4次。其餘48卦未出現。

互變重覆之16卦爲11、12、23、24、35、36、47、48、51、52、63、64、75、76、87、88；即乾、夬、睽、歸妹、家人、既濟、頤、復、姤、大過、未濟、解、漸、蹇、剝、坤。以方圖展示如下：

坤	剝				88	87			
	蹇	漸				76	75		
		解	未濟				64	63	
			大過	姤				52	51
復	頤				48	47			
	既濟	家人				36	35		
		歸妹	睽				24	23	
			夬	乾				12	11

圖5.2：重覆卦方圖

綜變與交變均與原卦異位，只是綜變依15372648的順序，而交變則依12345678之順序。

數字的異位，交變因仍依12345678之順序，故原卦數字異位後

就成交變卦數。例如，旅卦73，異位成37，為賁卦。

綜變因依15372648的順序，故原卦數字異位後，須將動過順序的數字，兌與巽、震與艮之數字對調；亦就是2與5、4與7對調：順序未變之1368則不變。例如：旅卦73，異位成37，因7須變成4，故成34，為豐卦。

若原卦卦數為1368中的兩數，因綜變的數字異位後不須再轉換，就會形成原卦之綜變與交變相同，例如，大有卦13，綜變及交變均為31，同人卦。又如師卦68，綜變及交變均為86，比卦。綜變與交變相同共16卦。除了乾坤坎離4卦外，其他為大有、需、泰、同人、既濟、明夷、訟、未濟、師、否、晉、比12卦。

表 5.2：綜變與交變相同 16 卦

卦	綜變	交變	卦	綜變	交變
乾	乾	乾	11	11	11
大有	同人	同人	13	31	31
需	訟	訟	16	61	61
泰	否	否	18	81	81
同人	大有	大有	31	13	13
離	離	離	33	33	33
既濟	未濟	未濟	36	63	63
明夷	晉	晉	38	83	83
訟	需	需	61	16	16
未濟	即濟	即濟	63	36	36
坎	坎	坎	66	66	66
師	比	比	68	86	86
否	泰	泰	81	18	18
晉	明夷	明夷	83	38	38
比	師	師	86	68	68
坤	坤	坤	88	88	88

在方圖的位置如下：

坤	比	晉	否	88	86	83	81
師	坎	未濟	訟	68	66	63	61
明夷	既濟	離	同人	38	36	33	31
泰	需	大有	乾	18	16	13	11

圖 5.3：綜變與交變相同 16 卦方圖位置

小往大來
話太極

三、繫辭上下傳及說卦傳

　　繫辭係孔子對易經的整體性解說，分上下傳。說卦傳則分述八卦。繫辭上下傳及說卦傳摘要如下表：

表 5.3：繫辭上下傳及說卦傳摘要

篇	章	內容
繫辭上傳	2	君子居則觀其象，而玩其辭；動則觀其變，而玩其占。
繫辭上傳	3	彖者，言乎象者也。爻者，言乎變者也。吉凶者，言乎其失得也。悔吝者，言乎其小疵也。無咎者，善補過也。
繫辭上傳	3	是故列貴賤者存乎位。齊小大者存乎卦。辨吉凶者，存乎辭。憂悔吝者，存乎介。震無咎者，存乎悔。
繫辭上傳	4	範圍天地之化而不過，曲成萬物而不遺。
繫辭上傳	6	廣大配天地，變通配四時，陰陽之義配日月，易簡之善配至德。
繫辭上傳	7	崇效天，卑法地。
繫辭上傳	10	通其變，遂成天下之文；極其數，遂定天下之象。
繫辭上傳	10	唯深也，故能通天下之志；唯幾也，故能成天下之務。
繫辭上傳	11	是故，闔戶謂之坤，闢戶謂之乾；一闔一闢謂之變，往來不窮謂之通。
繫辭上傳	11	法象莫大乎天地；變通莫大乎四時。
繫辭上傳	12	聖人立象以盡意，設卦以盡情偽，繫辭焉以盡其言，變而通之以盡利，鼓之舞之以盡神。
繫辭上傳	12	形而上者謂之道，形而下者謂之器，化而裁之謂之變，推而行之謂之通。

繫辭下傳	1	爻象動乎內，吉凶見乎外。功業見乎變，聖人之情見乎辭。
繫辭下傳	3	爻也者，效天下之動者也。
繫辭下傳	5	君子安其身而後動，易其心而後語，定其交而後求。
繫辭下傳	9	二與四同功，而異位，其善不同。二多譽，四多懼……。三與五同功，而異位，三多凶，五多功……。
繫辭下傳	12	變動以利言，吉凶以情遷，是故愛惡相攻而吉凶生，遠近相取而悔吝生，情偽相感而利害生。

　　易經是四度空間，以八卦表現。方位，由於剛柔相磨，經時間的進行，循環的運作，八卦相盪，產生方向與列位的變動。繫辭上下傳及說卦，敘述如下：

　　方位：天尊地卑，乾坤定矣。

　　剛柔相磨：剛柔相摩，八卦相盪。

　　　　　　　剛柔相推而生變化。

　　　　　　　動靜有常，剛柔斷矣。

　　　　　　　立天之道曰陰與陽，立地之道曰柔與剛。

　　　　　　　觀變於陰陽而立卦，發揮於剛柔而生爻。

　　　　　　　爻者，言乎變者也。

　　　　　　　爻也者，效天下之動者也。

時間的進行：廣大配天地，變通配四時。

　　　　　　法象莫大乎天地；變通莫大乎四時。

　　　　　　鼓之以雷霆，潤之以風雨，日月運行，一寒一
　　　　　　暑。

循環的運作：亢龍有悔。

方向的轉移：齊小大者存乎卦。

列位的變動：列貴賤者存乎位。

　　　　　　卑高以陳，貴賤位矣。

　　「君子居則觀其象而玩其辭，動則觀其變而玩其占。」玩
占，測卦的變動；玩辭，觀象以了解涵意。

　　「立天之道曰陰與陽，立地之道曰柔與剛，立人之道曰仁
與義。」人就會因列位關係，發生得與失，產生吉凶悔吝。「聖
人立象以盡意，設卦以盡情偽，繫辭焉以盡其言。」「辨吉凶者
存乎辭，憂悔吝者存乎介，震無咎者存乎悔。」「繫辭焉而明吉
凶。」因辭以說明，人與天地在卦中之關係。

四、陰陽

繫辭上下傳及說卦傳陰陽相關之內容如下表：

表 5.4：陰陽

篇	章	內容
繫辭上傳	1	天尊地卑，乾坤定矣。卑高以陳，貴賤位矣。動靜有常，剛柔斷矣。方以類聚，物以群分，吉凶生矣。在天成象，在地成形，變化見矣。
繫辭上傳	1	剛柔相摩，八卦相盪。鼓之以雷霆，潤之以風雨，日月運行，一寒一暑，乾道成男，坤道成女。乾知大始，坤作成物。乾以易知，坤以簡能。
繫辭上傳	2	聖人設卦觀象，繫辭焉而明吉凶，剛柔相推而生變化。是故，吉凶者，失得之象也……六爻之動，三極之道也。
繫辭上傳	5	生生之謂易，成象之謂乾，效法之謂坤，極數知來之謂占，通變之謂事，陰陽不測之謂神。
繫辭上傳	11	「易」有太極，是生兩儀，兩儀生四象，四象生八卦，八卦定吉凶，吉凶生大業。
繫辭下傳	12	剛柔雜居，而吉凶可見矣。
繫辭下傳	12	中心疑者其辭枝，吉人之辭寡，躁人之辭多，誣善之人其辭游，失其守者其辭屈。
繫辭下傳	12	變動以利言，吉凶以情遷，是故愛惡相攻而吉凶生，遠近相取而悔吝生，情偽相感而利害生。
說卦傳	1	觀變於陰陽，而立卦；發揮於剛柔，而生爻。和順於道德，而理於義；窮理盡性以至於命。
說卦傳	2	是以立天之道，曰陰與陽；立地之道，曰柔與剛；立人之道，曰仁與義。

易經六十四卦，每卦均有六爻，每爻均分陰或陽，但不同時為二者。亦就是六十四卦全由陰或陽組成。

　　爻的符號：陽爻「━」，陰爻「━━」。此陰陽代表意義甚
　　　　　　　　廣，舉凡相對的正反概念均納於其內。其類別可
　　　　　　　　分：

　　生物成長：雄雌。

　　具體名稱：天地、日月、水火。

　　抽象概念：剛柔、虛實、動靜、冷熱、寒暑、內外、表裡。

　　太極拳論「虛實宜分清楚，一處有一處虛實，處處總此一虛實，周身節節貫穿，無令絲毫間斷耳。」鄭子：「動之餘力未定曰盪。盪未定而又與動相連接。此為太極拳之關鍵。正在動而至於盪。盪又接上動。動盪。盪動。兩者之間。決不可間斷耳。」

五、循環

表5.5：循環

篇	章	內容
繫辭上傳	8	勞而不伐，有功而不德。
繫辭下傳	2	窮則變，變則通，通則久。
繫辭下傳	5	善不積，不足以成名。惡不積，不足以滅身。小人以小善爲無益而弗爲也。以小惡爲無傷而弗去也。是故惡積而不可掩，罪大而不可解。
繫辭下傳	5	德薄而位尊，知小而謀大，力小而任重，鮮不及矣。

　　陰陽爲六十四卦的構成元素，循環則爲各爻各卦代表的吉凶易轉之邏輯原理，並在乾卦各爻及否泰卦揭櫫其陰陽消長、興衰循環意涵。

六、乾卦六爻

　　「初九，乾龍勿用。」陽剛初始，尚在潛伏，時機未到，勿輕舉妄動。

　　「九二，見龍在田，利見大人。」陽剛漸增，時機好轉。

　　「九三，君子終日乾乾，夕惕若，屬無咎。」整日努力

不懈，夜晚亦然，才能避災除禍。

「九四，或躍在淵，無咎。」龍在水深處，蓄勁待發。

「九五，飛龍在天，利見大人。」龍飛上天，處最佳狀況。

「上九，亢龍有悔。」亢者，知進而不知退，知存而不知亡，知得而不知喪。龍飛至頂，開始衰落，招致悔恨。

七、坤卦

本卦：「坤、元、亨，利牝馬之貞。」

彖曰：「至哉坤元，萬物資生，乃順承天。坤厚載物，德合無疆。含弘光大，品物咸亨。」

象：「地勢坤，君子以厚德載物。」

文言：「坤至柔而動也剛。」

「通天之氣、接地之力。」太極拳接勁與發勁，皆基於地。

八、大往小來的否卦

本卦：「否之匪人，不利君子貞，大往小來。」

彖曰：「否之匪人，不利君子貞，大往小來。則是天地不交而萬物不通也，上下不交而天下無邦也。內陰而外陽，

內柔而外剛，內小人而外君子；小人道長，君子道消也。」

象：「天地不交，否。」

卦上下堆疊，上卦為外卦，屬大為陽；下卦為內卦，屬小為陰；上往下來。陽一直位上卦，恆處大；陰一直居下卦，恆處小。陽在陽位，陰在陰位，大往小來不流通，為否卦。

九、小往大來的泰卦

本卦：「泰，小往大來，吉亨。」

象曰：「泰，小往大來，吉亨。則是天地交而萬物通也，上下交而其志同也。內陽而外陰，內健而外順，內君子而外小人；君子道長，小人道消也。」

象：「天地交，泰。」

下卦置於上，上卦放於下；外卦變內卦，內卦成外卦；小往位大，大來居小，陰陽倒置促進流通成泰卦。

十、變與太極拳

「變」才會有陰陽消長循環，將太極拳的一招一式串接在一起。

綜變：反序。「引進落空合即出」為綜變，引進落空合即

出，對方的力量來而復返。

錯變：質變。「虛實宜分清楚」，「變轉虛實需留意」，分清虛實後，就要留意虛實的轉換，此為錯變；陰變為陽、陽變為陰。

交變：異位。「每見數年純功，不能運化者，率自為人制，雙重之病未悟耳。欲避此病，須知陰陽相濟方為懂勁。」不變或變之不當則雙重，雙重則陰陽不能相通，形成停滯；須陰陽異位，實變虛，虛變實，產生動盪，才能循環相濟。

互變：重疊。「往復須有摺疊，進退須有轉換」、「周身節節貫串，無令斯毫間斷耳」，動作緊密相扣，以氣運身才能順遂，接勁發勁才不致中斷。

十一、陰陽相濟

泰卦「九三，無平不陂、無往不復」。十三勢行功心解「往復須有摺疊，進退須有轉換」。明王宗岳太極拳論「須知陰陽相濟。方為懂勁。」

（一）太極拳：陰陽相濟（陰陽相接）

表 5.6：太極拳：陰陽相濟（陰陽相接）

隨曲就伸。人剛我柔謂之走。我順人背謂之黏。
引進落空合即出。沾連黏隨不丟頂。

來→往（陰陽相接）：來，化勁。往，發勁，對方爲強弩之末，無力防守。

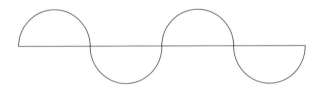

圖 5.4：陰陽相濟循環圖

（二）太極拳：陰陽相濟（陰陽互補）

表 5.7：太極拳：陰陽相濟（陰陽互補）

有上即有下。有前則有後。有左則有右。如意要向上。即寓下意。
左重則左虛。右重則右杳。
仰之則彌高，伏之則彌深。進之則愈長，退之則愈促。
氣以直養而無害，勁以曲蓄而有餘。
收即是放。

來與往同時（陰陽互補）：對方猝不及防，但需虛實分清，

「左重則左虛，右重則右杳」，對方的實對己方的虛，對方的虛對己方的實。

「變轉虛實須留意」；變，就會有吉凶悔吝。因此沿循環落差，為太極拳發勁時機：

陰陽不相接：綜變失當。對方發勁後成強弩之末，無力反擊，擊其惰歸。

陰陽不分清：錯變失當。對方實非實、虛非虛，氣浮。

陰陽不相濟：交變失當。對方形成「滯」，己得著力點。

陰陽不互補：互變失當。對方來不及反擊，例如與對方同時交錯發勁。

十二、「坎」「離」的陰中有陽、陽中有陰

表 5.8：陰中有陽、陽中有陰

篇	章	內容
繫辭下傳	4	陽卦多陰，陰卦多陽。
繫辭下傳	5	危者，安其位者也；亡者，保其存者也，亂者，有其治者也。是故，君子安而不忘危，存而不忘亡，治而不忘亂，是以身安而國家可保也。

陰陽除了互爲消長外，陽中亦存陰，陰中亦存陽。陽中有陰爲離卦，陰中有陽爲坎卦。離卦，第五爻爲陰，陰爻處尊位柔順中和，會帶來吉祥。虛中有實爲坎卦，第五爻爲陽，陽爻當位，雖處險境，終將度過難關。乾坤坎離否泰於方圖中之位置如下圖。

坤			否	88				81
	坎				66			
		離					33	
泰			乾	18				11

圖 5.5：乾坤坎離否泰於方圖中之位置圖

右下與左上角是乾坤，爲天地陰陽。左下與右上角是泰否，表示流通與否。採「陰中有陽、陽中有陰」中庸之道，處於險困的坎、離卦，則位於中間。乾與坤、否與泰、坎與離，各對卦數合計均爲99。此六卦，綜變與交變相同。

太極拳引進對方來勁時，爲坎卦，處於不利情況，但能虛中存實，就可化解來勁，化險爲夷。發勁時爲離卦，將有所得，但須實中存虛，「勁似鬆未鬆，將展未展」，才不會陷入困境。

陰中有陽，陽有有陰。以虛線表示。

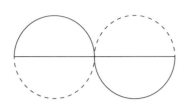

圖 5.6：陰中有陽，陽有有陰

十三、方位

表 5.9：方位

篇	章	內容
說卦傳	6	水火相逮，雷風不相悖，山澤通氣，然後能變化，既成萬物也。

　　上下乾坤爲天地

　　左右坎離爲水火

　　四斜方位艮兌震巽爲山澤雷風

　　「法象莫大乎天地；變通莫大乎四時。」由此天地水火山澤雷風運行，促進自然的興衰循環。

　　陰陽不濟爲否卦，陰陽相濟爲泰卦，陰中有陽爲坎卦，陽中有陰爲離卦，所以「掤、捋、擠、按」爲「乾、坤、坎、離，四

正方」的表現。而「採、挒、肘、靠」用於「巽、震、兌、艮」四斜方位。所以太極拳論:「掤、捋、擠、按、即乾、坤、坎、離四正方也,採、挒、肘、靠即巽、震、兌、艮四斜角也,進退顧盼定即金木水火土也,合之則為十三勢也。」

十四、太極拳和易經圍成一個圓

太極拳行功心解「意氣須換得靈乃有圓活之氣」「行氣如九曲球無往不利」,太極拳在虛實轉換,動盪變化,陰陽持續相濟,氣於是產生而形成圓。應和小往大來泰卦之陰陽相濟圓通的道理。

註解:
1.彖:卦意解說。
2.象:象徵;代表的意涵。
3.文言:說明乾、坤二卦之辭。

第六章
矛盾律驗證下之太極拳及其正反合思辯

一、矛盾律驗證下之太極拳

（一）矛盾律的簡介

矛盾律是邏輯思維基本法則，為了解太極拳的邏輯性，茲以矛盾律的思維基本法則，來加以驗證。

亞里思多德提出矛盾律的3個邏輯思維基本法則：同一律、不矛盾律、排中律。

同一律（A＝A）：一個主張前後必須一致。

不矛盾律（「A與非A」必然為假）：一個主張不能互相矛盾，即贊成A，又贊成B，而AB二者卻互相抵斥。互為矛盾之主張，必有一為假。

排中律（「A或非A」必然為真）：一個主張不是肯定，就是否定；沒有模擬兩可。互為矛盾之主張，必有一為真。

（二）太極拳的矛盾律驗證

同 一 律：虛實意涵一直保持不變。

不矛盾律：「實與虛」並不相同，同時存在就會造成雙重，
形成滯。

排 中 律：太極拳力求虛實分清楚；一腳不是實，即是虛。

從上述可知、太極拳符合矛盾律的邏輯思維法則。

（三）虛中有實，實中有虛，是否互相矛盾，不符合排中律？

太極拳講求「不滯」，故虛中有實，實中有虛，並不會讓其
互相矛盾，其原由如下。

無極：虛中有實，實中有虛係虛實之表裡消長之初始萌生，
而非一腳、或一手同時為實又為虛。

表裡：虛中有實，實中有虛看似虛實實，看似實實虛，虛實
仍分清。

消長：虛中有實，實中有虛，虛漸消實漸長，或實漸消虛漸
長，二者互相磨合，故不產生滯。

水火同源，水火各仍保持本性，但二者均無法相剋，故併
存。當水消火長，或水長火消過程，同源仍存在。直到一方甚強
大，最後就會是火存或水存。

二、太極拳與正反合思辯

（一）正反合辯證法

辯證法是利用理性思辯以求正確的結論，例如採行否證方式的決策樹。

德國哲學家黑格爾「正」、「反」、「合」的辯證法，結合了相反的矛盾概念。一個「正」的主張，後來有了「反」的主張，其與「正」互為矛盾。衝突結果，經化解此一矛盾現象，變成「合」，形成另一「正」的主張。此「正」的主張，又會有了「反」的主張，如此循環不斷。

「正」、「反」至「合」的邏輯辯證方式：

「反」是與對方力量相抗，「正」、「反」二力量相抵結果，就產生「合」的餘力，再由此重生。

A－B＝C

不同情況說明如下：

設A、B為0～1

A－B＝0 互相毀滅

A－B＜1 付出代價的打敗對方

A－B＝1 輕易的吃掉對方

也就是：

對方力量＞己方：己方劣勢

對方力量＝己方：兩敗俱傷

對方力量＜己方：己方優勢

只有在己方力量大於對方才有優勢

（二）太極拳與正反合的差異

太極講求鬆，並不與對方力量相抗。

太極拳利用鬆，來化解來勁；而非用力量與對方相抵消。

鬆→來勁接地→以實腳轉胯走化或發勁。

太極拳陰陽相消長而致合；亦就是陽消陰長，或陰消陽長，陰陽相濟而合一。

即：A＋B＝1

對方力量＞己方；對方力量雖大，能順勢轉化就會化險為夷。

對方力量＝己方；能得機得勢就形成差異，但不致造成傷害。

對方力量＜己方；己方若不能因勢力導，仍可能失勢。

當雙方勢均力敵時，不能得機得勢就會處於劣勢。而得機得勢則在於能陰陽相濟。明王宗岳太極拳論「每見數年純功，不能運化者，率自為人制，雙重之病未悟爾。欲避此病，須知陰陽相

濟方爲懂勁。」陰陽相濟有兩個面向：

自身：虛實的轉換。

與對手：陰陽互相消長。

以內家拳與外家拳爲例來說明，前者內家拳與外家拳均備，後者只有內家拳講求。而內家拳陰陽相濟順遂，不只自身變轉虛實要靈活，與對手之陰陽消長也不能相反，否則就無法成爲圓，就會失勢。

內家拳	不用力	陰陽相濟	A ＋ B ＝ 1
外家拳	用力	陰陽不相濟	A － B ＜ 1

（三）正反合vs.引進落空合即出

正反合是拆開的太極，將陰陽分兩邊，陰陽不相濟，反而互斥，有違物理的陰陽相吸。

正反合：抗拒、停滯、衝突、單向、方直

太極拳：順勢、通暢、和諧、雙向、圓曲

「引進」因對方保持原有力量，屬「正」。因此「正反合vs.引進落空合即出」二者差異在於「反」與「落空」。「反」爲

己方的力量與對方相抵，「落空」則是對方力量無法發生功效；前者講求的是「力」，後者講的是「勢」。

　　子曰：「君子無所爭，必也射乎！揖讓而升，下而飲，其爭也君子。」推手不就是如此嗎？技藝切磋何在乎輸贏！因「名家一出手，就知有沒有。」推倒對方不見得就是推得比對方好，或贏對方，勝負是取決於是否懂得「陰陽相濟」，是否能「得機得勢」，例如知樹已枯，何必再催枯拉朽，才了解樹會倒。重要的是，在於技藝的精進，拳理的提升，輸贏只是曇花一現。

第七章

太極拳和談判的你來我往

　　談判和推手都是以和緩的方式解決雙方的對立或衝突，因此其性質和技巧就有些相通處。

一、衝突的種類

　　談判的基本前提是衝突；沒有衝突就不需要和談。

　　促成談判的衝突有下列數種：

　　行為的衝突：動作磨擦釀成的衝突。

　　利益的衝突：趨吉避凶造成的衝突。

　　理念的衝突：思想不同引起的衝突。

　　情感的衝突：愛惡相攻形成的衝突。

　　宗教的衝突：信仰差異導致的衝突。

　　然而因談判而有所改善的，大部分是前二者。

　　後三者牽涉到到立場，較無談判空間。無法以太極拳的方式立即解決，但其衝突可因時日的陰陽消長而消彌於無形。

二、衝突的處理

處理衝突的二個方式：

① A－B＝C 相抗，如外家拳

② A＋B＝C 結合，如內家拳

外家拳的衝突，用力量解決衝突，採第一種相抗方式。

談判以非武力取得共識，而推手對推，技術切磋，並不與對方力量相抗，均採第二種方式解決衝突。

三、談判基本要項

葛蘭德拉姆在其《談判手冊》（The Negotiation Field Book）（Grande Lum，2005）一書中提到，「談判的基本要項有四：利益（Interest）、校標（Criteria）、選項（Option）、備選方案（Non－Agreement Alternatives）；合稱ICON。」

「利益」為雙方談判的動力。

「校標」為雙方爭議解決之道。

「選項」為談判籌碼所在。

「備選方案」則為談判失敗的退路。

四、「籌碼」與「鬆」增長彈性空間

選項（Option）要有籌碼。籌碼愈多，選項愈多愈有談判空間。加大籌碼的方法：

（一）增加本身的權力或力量。

（二）擁有對方所無。

（三）能解決對方的問題。

（四）能消除對方痛苦。

籌碼的中心在於「利」，主要是能供給對方所需的。當成為唯一的供應者時，談判的籌碼就加大。我方「無備選方案」時，對方成為唯一的供應者，變無退路，就減少了談判空間。

推手的籌碼是能化解對方來勁。對方來勁皆能接地，皆能為我所化，則對方的力量無施展空間，攻勢無效，就換我有可趁之機。

談判方式都會讓些小利給對方，以示誠意，從而希望對方也能在我方的需求上有所讓步。推手時己先鬆，因不用力，對方也會傾向不用力。

五、利益交換與陰陽相濟

即然談判是「供」、「需」關係，當Ａ＝1、Ｂ＝1時，就會下列情況：

① Ａ＋Ｂ＜2 我擁有對方所無，對方擁有我所無；未經交換，資源浪費。

② Ａ＋Ｂ＝2 經與對方談判，創造雙贏，皆大歡喜。

③ Ａ＋Ｂ＞2 合作促進更大的益處。

內家拳，在Ａ＋Ｂ＝1時，互為消長。因消長成一圓的循環，故合仍為一。雙方雖非力量相衝突，但仍屬對抗關係，故不能以合作累加。只在借力使力，會有大於一的情況。但借力「使力」，又用到力，看似結果大於一，但已破壞圓。

在Ａ＋Ｂ＝1，與對方成一圓時，就不易推倒對方，因自己無法推倒自己；只有一方卡住，不能成為圓時，才能推倒對方。談判時，自己和對方成生命共同體的情況下，其結果是共創利益，而不會只專注於本身的利益。

在Ａ＋Ｂ＝0，雙方均鬆的搭手，互相感應，成靜止狀態。談判時，此階段雙方仍在互相寒喧，了解對方，尚未進入主題。

陰陽相濟（相接）：一開始，善意的給與，以求較佳的回應。

陰陽相濟（互補）：由於雙方的利益不見得完全衝突，我方所要的，對方不見得需要；對方所要的，我方不見得需要，於是就構成陰陽相濟的利益交換。

　　當對方強勢時，光化勁無法成為一個圓。「履」、「擠」來回成「8」型，「接勁→移重心→轉移」的往復摺疊，將兩個半圓合成一個圓。引進落空合即出，有效的轉守為攻，才不會導致完全失守的談判結果。

六、協商合作

　　核心（core），是雙方共同必需的部分，雙方均欲取得時，為此就會合作。

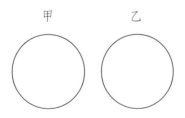

圖 7.1：互不相關角色

圖7.1，甲乙兩方因各不相干，在對方無己方所要的東西時，不會合作。

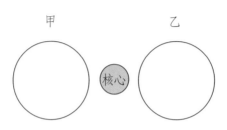

圖 7.2：角色與核心

　　圖7.2，甲、乙中間的小圓爲核心，是雙方所共同欲取得或排除者。爲此，雙方就會積極進行協商談判。

圖 7.3：具核心之協議與談判底線

圖7.3，當核心在雙方同意讓步的交會處時，就會達成協議。核心距離本身圓周較遠者，得到的利益較大。對方圓周距己方圓心的一定距離，如直線所示，為己方讓步底線。核心重要性較重的一方，愈無底線，合作意願愈強。

　　推手之「採」手，在比賽時，順手牽採易於見效，但在練習時，卻因易於用力，有礙練「鬆」。故雙方協商共識，在練習時，不用「採手」，此種共識就是核心。

　　當對方圓周超過己方之圓心，表示為了核心犧牲自己在所不惜。

　　雙圓重疊，表示與對方合併，或己方已完全被併吞；反之亦然。

　　無核心，但雙方各有對方所要的東西，此時也會合作，但此種合作並不穩固，只是建立雙方的利益交換關係上。如圖7.4，交會處為雙方合作範圍。當無利益可交換時，交會範圍就會愈來愈小，最後脫離不再合作。

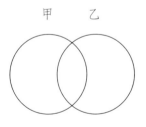

圖7.4：無核心之協議

七、王牌對王牌

電影《王牌對王牌》（The Negotiator），描寫一位芝加哥談判警察，因同事貪污而遭栽贓，走頭無路挾持同仁，並要求與另一談判專家談判，以期還其清白。過程中的談判技巧，呈現出太極拳拳理。

（一）資訊（太極拳：人不知我我獨知人）

挾持人質的警察切斷監視器，減少警局對現場資訊獲得。

談判專家用破鏡子的反射，讓挾持人質的警察能看到突擊警察之動靜，以使之有所因應；而突擊警察則不知挾持人質的警察其藏身處。

（二）交換（太極拳：引進落空合即出）

談判專家切斷電源，剝奪挾持人質的警察所需之電力，得談判籌碼。

談判專家答應挾持人質的警察，恢復供電、供冷氣，以交換人質。

（三）欺敵（太極拳：虛中有實實中有虛）

挾持人質的警察製造殺害一名警察的假象，表示非虛張聲勢

以增加談判力基；實則無。

　　談判專家製造殺害挾持人質的警察之假象，顯示與貪污嫌疑警察立場一致，以取得與談者信任；實則並未致死。

八、太極拳和談判相呼應

　　太極拳和《孫子兵法》異曲同工，二者相近。劉必榮先生在其談判《孫子兵法》一書提到，談判如常山之蛇，頭尾靈活呼應支援。太極拳的變轉虛實陰陽相濟，不只是太極拳立論基礎，亦爲爲談判和《孫子兵法》之精髓。

第八章

賽局理論的太極拳解

一、賽局理論的角色地位

諾貝爾經濟學獎歷年三度頒發給對賽局理論有研究頁獻的經濟學者，賽局理論的重要性由此可見一斑：

1994年頒發給下列三人——

納許（John Forbes Nash Jr.）：（美國普林斯頓大學）有別於前人的「合作賽局」，納許以「非合作賽局」立論，參賽者都會為各自的利益不願合作。渠發現二人利益之「鞍點」（Saddle Point），任何人脫離此點利益均會下降，找到此點就會促成雙方的持續合作，此點後來被稱為「納許均衡」（Nash Equilibrium）。

謝樂登（R. Selton）：（德國波恩大學）以「子賽局完全均衡」的概念，證明動態賽局可產生無數的均衡解。有競爭領導者，會引導廠商間的價格與數量交互影響，形成「史塔勃克」（Stackberg）解。

哈桑尼（John C. Harsanyi）：（美國柏克萊大學）利用貝氏

定理求均衡解。

2005年頒發給下列二人——

歐曼（**Robert J. Aumann**）：（美籍猶太人）在衝突的環境，經多次互動，從利益得失的經驗，雙方漸漸磨合，由對立而合作，以求互利。

謝林（**Thomas C. Scheling**）：（美國人）藉由適當的威脅，可得合理的結果。

2007年頒發給下列三人——

邁爾森（**Roger B. Myerson**）（芝加哥大學）、**鶴爾維茲**（**Leonid Hurwicz**）（明尼蘇達大學）、**麥斯金**（**Eric S. Maskin**）（普林斯頓大學）：綜合賽局理論和社會選擇理論，建立機制設計理論（Mechanism Design Theory），作有效的交易、以求得利益最大化。

二、賽局理論的應用

賽局理論運用力量和權力追求利益，用簡單的矩陣圖，解說各種複雜的人際競合關係。故其應用甚廣，尤其在數學、政治軍事、經濟方面。各學科應用項目如下：

表 8.1：賽局理論的應用

領　　域	項　　　　　　　目
數學	賽局理論的各項觀念的數學演算證明，如合作賽局、n 人賽局、非合作賽局、納許均衡、完全或不完全資訊賽局、鞍點等。
政治軍事	候選策略、投票、恐嚇和扼阻、陷阱、聯盟、裁軍、核戰、星際戰爭、外交、政黨關係等。
經濟	廠商的進場考量、定價策略、貿易競爭、投票、拍賣出價、保險、薪資訂定、罷工等。
公共政策	政策分析、規劃、制訂、合法化、執行、與評估。
其他	談判、生物競存等。

　　為了解其在運動上的適用性，本文嘗試探討賽局理論和太極拳拳理是否有相通處，是否可以用太極拳拳理來解賽局理論的問題。

三、賽局理論的緣起與發展

　　法國數學家Emile Borel在1921年撰文討論賽局理論之觀念。1944年J. Van Neumann與Mongenstern合著賽局理論與經濟行為（Theory of Games and Economic Behavior）一書，該書將賽局參與角色擴展到兩人以上，並且應用到經濟上。美國的ASWORG

（Anti－Submarine Warfare Operations Research Group）是開始應用此一理論於軍事對抗之組織。而最早應用於分析國際事務（如談判）的是Thomas C. Schelling之衝突戰略。1980年代後期，美國開始將賽局理論應用於公共關係的研究上，如Murphy關於杜邦公司與綠色和平組織之衝突互動研究（林瑜芬，1993）。賽局理論起源於應用數學，但它現在是吾人思考企業和經濟的主軸（Gardner，1995）。

四、賽局理論的介紹

賽局理論（Game Theory）又稱博奕理論、對局論。賽局理論是，二個以上的參與角色，理性的運用策略，以求本身利益最大化、損失最小化的一種互動理論，其預期報償值的取得，與對手的策略相互依賴，通常以矩陣圖或外延圖表之。茲先用矩陣圖說明：

		角色乙	
		C	D
角色甲	C	甲報償值，乙報償值	甲報償值，乙報償值
	D	甲報償值，乙報償值	甲報償值，乙報償值

圖8.1：賽局矩陣圖

參與者共有二位，角色甲、與角色乙。每人所採取的行動各分為，合作（C, Cooperate）、與背離（D, Defect）。報償值數目大小，代表利益大小。一般而言，當一方背離，另一方配合時（DC）；背離的一方會得到較大的利益。當二者皆背離時（DD），雙方利益都最少。二者皆合作時（CC），利益折衷。

（一）構成要件

1. 角色：賽局的參與者。
2. 策略：合作（C）、或背離（D）。
3. 報償值：所得的利益。
4. 資訊：報償值、對方的決策訊息之有無。
5. 機率：取得報償值的可能程度。
6. 解：策略選擇採取的準則。

（二）角色關係

各種角色的互動，共有下列三種關係——

1. 親密關係：採取利他行為；縮短兩者距離。
2. 利害關係：採取利己行為；保持適當距離。
3. 仇恨關係：採取損人行為；加大兩者距離。

賽局理論中的角色關係是屬於利害關係。CC或CD對局有益從

利害關係步入親密關係；DD或DC則助長進入仇恨關係。角色關係是長期累積而內化的意識型態，因此角色關係間的轉換並不容易，有時因試圖改變他人角色關係，會使自身的角色關係惡化。

（三）理性抉擇

採取有效率、有效能的策略，以達到預期的效用，就是理性行為。因此其抉擇，有時與社會規範或期待，可能會有出入。

理性抉擇有其局限之處，舉其要者：

1. 無法確定能蒐集所有有關的資訊。
2. 決策者因知識、能力、資源、環境等原因，無法將所有可能決策相關因素均考慮周全。
3. 目標難以量化。
4. 情境一直在變化，很可能昨是今非。

（四）互動

賽局理論的基本假設認為在競爭之情境下，參與決策者的行為原則，並不只是考量自身之偏好，而是同時參酌其他決策者的行為選擇所作之決定；因此事件發展之結局並非任何一方單獨的決策者所可以決定，而是由共同參與決策之雙方或多方決策者所共同形成。是故，「賽局理論」又稱之為「互動決策理論」

（interactive decision theory）或「互依抉擇理論」（the theory of interdependent choice）（詹中原，1991）。因為產生結果的自變數並非單獨決定於己方決策，所以決策與產出之間就充滿不定性。

（五）合作或不合作

1.合作賽局

合作對局是參與角色，為了達成共同目標，或為了防止沒有共識而導致甚大的損失，在不是求最大的利益下，採取配合的行動。很自然的，參與角色趨向於均分利益；因為每一方都不願意，給對方比對方給自己的條件還優厚（Harsanyi，1982）。角色參與者會根據對方的讓步率，來修正對方的要求。如果雙方的讓步率都低於對方的期待，那雙方都會降低要求，則協議就愈有可能在此聚合過程中出現（劉必榮，1993）。在對方沒有體驗到其無法達到利益最大化，或可能要付出龐大損失之前，期望對方合作是不太可能。

合作對局是基於互信，因此須要資訊充分時才能有效實施。合作對局解（solution）的概念——核心（core），是基於，所有角色同意的結果，對每一個單一角色或單一合作亦然（Friedman，1991）。可能攻擊行為的出現，並不必然表示雙方就不會合作。

合作對局是，參與角色在賽前有完全的溝通自由，制訂聯

合的束縛合約。這些合約可能有兩種：合作策略，或共享報償值。但事情並不如此單純，多人合作對局（n－person cooperative game）可能無法像非合作對局那般的穩固（Jones，1980）。束縛合約（binding agreements）是雙方或更多的角色聯合同意設限，而自我約束（commitments）只是單方的限制。一個對局是非合作對局，假如角色不能訂立束縛合約，反之可以的就是合作對局。

自從Nash介紹均衡點的概念，大部分的研究轉向合作對局，很多此種對局解的概念被提出。古典對局是局限在完全的合作對局，所有的合約是具有完全的束縛力，但對完全的非合作對局，沒有合約是具有任何束縛力的。合作對局故然好，但沒有人能使所有的人永遠滿意。合作之後，有一方為求更大利益，就會打破均衡（Harsanyi，1982）。尤其是無條件的合作，更容易促成背離。

2.不合作賽局

合作對局意涵為同意束縛合約，非合作對局則為不容許（Harhsayi，1982），也就是角色間無法訂立契約性的合約。背離有兩種情形：一是背離規範限制；一是背叛對方。Kohlberg（1989）強調，均衡對局構成行為規範，此種規範本身有其約束力或策略的穩定性。策略穩定的理論並非如何選擇規範，而是在策略組合中發現是否會產生背離。對局若只進行一次，參與角色

為求利益之最大化，容易背離，不合作。假如是連續對局，角色為防止對方報復，就比較不會背離。

二人零和對局（Two－Player Zero－Sum Games：2PZS）賽局是零和，假如每一可能的結果，對所有參與者其報償值總和是零；若第一位參與者所能得到的只是第二位所損失的，二人對局可能是零和。對局論第一個重要定理——二人零和對局的鞍點——是1928年由Von Neumann所提出。有鞍點的對局稱為被確定的（strictly determined），也就是在純粹對局中，它是可以被解決的。並非所有矩陣的對局都有鞍點。鞍點是零和對局的均衡。

集體行動的困境（collective action dilemmas）是，二或更多的行動者在二或更多的行動中做決策，結果是一方所得會使得他方受損的柏瑞圖劣勢化（Pareto inferior outcomes）。其所以致之是因為行動者做了理性、非合作的選擇，使得本身的利益最大化，它有別於一方得到利益卻不會造成他方損失的柏瑞圖最適化（Pareto superior outcomes）（Goetze，1994）。

假如遊戲規則具有約束力，談判協議的能力是有用的。在真實生活裡，政府機構或公共意見等，可能促使合約履行。納許指出非合作對局的協議是無拘束力的，理性角色將採行自我約束的策略聯合，也就是，每一角色的策略是其他角色策略的最佳回應，稱為均衡點（equilibrium point），例如策略組合（B,Y）是

一均衡點。假如角色1使用策略B,那麼角色2的最佳策略是採行策略Y。相對的,假如角色2使用策略Y,角色1的最佳回應是使用策略B。因此B和Y是相互的最佳回應,此策略組合具自我拘束力(self-enforcing)。其他的策略是自我不穩定(self-destabiliz-ing)。例如策略組合(A,X)是自我不穩定,因為假如兩位角色互相期望行使這個策略組合,然而此種期望立刻使他們產生不採行A和X策略的動機,而寧願應用B與Y策略(Harsanyi,1982)。不合作對局的解可以適用於所有種類的合作對局,因為任何合作對局,均能以適當的非合作談判模型加以分析(Harsanyi,1982)。

五、賽局理論的類型

賽局理論的類型,依Stoker主要區分為:囚犯困境、資源均分、懦夫賽局、獵鹿賽局。

(一) 囚犯困境（Prisoner's Dilemma）

		角色乙	
		C	D
角色甲	C	0.7,0.7	0,1
	D	1,0	0.3,0.3

圖8.2：囚犯困境矩陣圖

　　角色甲、乙只有一方招供，一方不招供。招供的一方報償值為1，另一方為0。雙方均招供，報償值設為0.7。雙方均不招供，各為0.3。

　　囚犯困境是對局論的典型代表，個人決策的報償值，與對方的決策有交互關連，角色參與者為防被背離而吃虧，就先行背離。因此「背離」只是對於對方意圖的不確定性和害怕所致（Snyder, 1971），最後雙方都背離。若是連續對局，或角色能夠互相溝通，則雙方就會趨向選擇CC，以求得較大利益。囚犯困境可以說明，當被剝削的成本和剝削他人的利益低時；當合作獲利高，不合作獲利低；當每一邊期待他方合作時，這些情況下就會容易達成合作（Jervis，1978）。囚犯困境的偏好排序為：DC＞CC＞DD＞CD。

（二）資源均分（Dollar Division）

		角色乙	
		C	D
角色甲	C	0.5,0.5	0,1
	D	1,0	0,0

圖8.3：資源均分矩陣圖

　　角色甲與乙背離的報償值各為1，但對方則為0。合作則各為0.5。若均背離，則耗盡資源，成（0,0）。資源均分賽局標準型如圖8.3。

　　在公共財方面，任何參與者都可自由取用，個人的報償值成DC，然而不停的利用，最後導致公共資源耗盡，成為DD。公共資源的破壞，沒有人會受益（Gardner，1995）。資源均分的對局的偏好排序為：DC＞CC＞CD or DD。

(三) 懦夫賽局（Chicken Games）

		角色乙	
		C	D
角色甲	C	0.7,0.7	0.3,1
	D	1,0.3	0,0

圖8.4：懦夫賽局矩陣圖

　　有一方背離時，背離者報償值為1，他方為0.3，反之亦然。雙方合作時，報償值均為0.7。若雙方都背離，則報償值為（0,0）。二人同時開車朝向懸崖，先跳車者是懦夫CD，後跳者是英雄DC。懦夫對局中的理性是模稜兩可的；理性有賴角色對方行為的期待，而非對局的報償值結構（Snyder, 1971）。此對局不同於其他對局，後跳者並不保證有利可圖，因不可預測原因，如車門卡住，衣服被車門把手夾住，最後來不及跳車而墜崖身亡，這是理性的限制（Stoker，1991）。懦夫對局的偏好排序為：DC＞CC＞CD＞ DD。

　　懦夫對局之與囚犯困境，在囚犯困境裡，共同利益的實現可能是雙方的初步願望，但是沒有一方相信他方會合作來達成它。情境衰落至衝突，而與願違。在懦夫對局中，一方刻意創造衝

突，挑戰對方和恐嚇摧毀已享受的共通利益。防衛的一方可能以相同的威嚇回報。由於恐嚇的成本極高，懦夫對局比囚犯困境容易達成妥協（Snyder, 1971）。

　　懦夫對局通常用於危機對立。對方重大的危險性是其效用（utilities）的函數。一件危機，可能對一方而言是囚犯困境。對他方而言則是懦夫對局，每一邊的決定，及推想他方的決定，將隨時間而起伏，因事而異。國際和平、穩定性、和合作最能達到的基礎是，力量的均衡（Snyder, 1971）。

（四）獵鹿賽局（Stag Hunt）

		角色乙	
		C	D
角色甲	C	1,1	0,0.7
	D	0.7,0	0.3,0.3

圖8.5：獵鹿賽局矩陣圖

　　雙方合作所得的報償值均為1。若角色甲、乙有一方背離，報償值為0.7；對方則為0。雙方都背離，報償值均為0.3。

　　獵鹿對局中，參與者合作則可以獵到鹿對局為CC，惟若認為

合作獵鹿遙不可及，不如自己去抓兔子可以立即獲利，就先行背離，對局成DC。獵鹿對局的偏好排序為：CC＞DC＞DD＞CD。

囚犯困境有別於獵鹿模型在於，沒有答案是對所有的參與者都很有利；有攻擊和防衛動機，來背離合作關係；假如是一次對局，唯一的理性反應是背叛，但假如是不定的重覆對局，則囚犯困境就會和獵鹿模型類似（Jervis，1978）。

六、資訊與情境

（一）情境種類

情境種類區分為：**不定情境（incertainty）**、**風險情境（risk）**、**確定情境（certainty）**。不定情境是，對長期發生頻率而言，每一情境發生機率不知或無意義。風險情境是，每一情境有已知的發生機率。確定情境，是在選擇行動以前世界的情況是已知（Morrow，1994）。

表 8.2：資訊與情境種類

情境種類	資訊獲得程度	對方的決策	報償值已知或未知）	決策方式	納許均衡	決策與均衡之關係
不定	關係小	關係小	二者之一	均分機率	不穩；不一	小
風險	不足	未知	已知	彈性決策	不穩；不一	適度
		已知	未知			
確定	足	已知	已知	趨向決策	穩定；唯一	大

資料來源：作者自製

註解：

a. 均分機率中，報償值的已知或未知，改變均衡的發生並不大。

b. 風險情境中，報償值與對方決策若均為未知，則決策方式改為均分機率，而決策與均衡之關連也變小。

c. 風險情境中，對方的決策未知是不充分資訊（imperfect information）；報償值未知是不完全資訊（incomplete information）。

d. 存有意志的決策，影響結果（outcome）愈大，對均衡的關連也愈大。所以確定情境的決策，與均衡的關連，較風險情境為大，純由機率控制的決策，對均衡的關連較小。

1.不定情境

不定情境是指一個決策者,對整個情境不瞭解,或雖然知道,但本身的決策無從著力,自己的決策無法掌控未來的發展,例如擲銅板、猜拳等。

2.風險情境

通常所謂「風險情境」(Risky Situation)包含了三個要件:(1)對事件無法控制(或許是因為無法掌握適當的資源、無法找到適當介入的機會,或根本因為這個事件是天災,所以無法掌握);(2)資訊的缺乏;(3)以及時間的缺乏(劉必榮,1994)。風險情境決策者對情境不瞭解,資訊獲得不充分,對方角色的決策不清楚,及機率的不確定性,因此自己所做的決策等於是一種冒險行為。自己依各種情境判斷,假設對方決策,及機率,然後尋找相對的策略應付,結果可能事與願違,本身因而受到更大的損失。有謂「我們如何知道我們知道?」(How do we know we know something?)。因此在抉擇情境中,假如作選擇主要是受機率分配影響,稱為風險情境下做決策(Luce and Raiffa,1957)。風險情境的報償值決定於能否準確判斷對方的偏好。

古典對局的限制之一是無法處理不充分資訊的對局。資訊可以是充分資訊或不充分資訊:前者是,參與角色不只知道對局本質,而且也知道對局各階段中,其對手的先前行動;後者是,參

與角色知道對局的本質，但並沒有對局的先前行動之資訊。另一方面而言，角色假如沒有相互的策略機率或報償值函數，此種對局則為不完全資訊（Harsanyi，1982）。因此風險情境主要是資訊不足所致，可分為不充分資訊和不完全資訊。不充分資訊（imperfect information）是，一位角色不知道其他角色先前的行動。不完全資訊（incomplete information）是，一位角色不知道其對手的確定特質，如偏好、策略等。假如在對局裡每一資訊組合（information set）是由一個結（node）所組成，這個對局是充分資訊（perfect information），假如不是的話就是不充分資訊（imperfect information）（Friedman，1991）。對局的解基本上是風險操控的關係，它存在於不同的均衡點（Harsanyi，1982）。

假如資訊組合由記得以前所有行動的角色參與者所組成，則對局稱為充分回憶（perfect recall），假如不是的話，則稱不充分回憶（Friedman，1991）。

得到的結果不只是有賴自己選擇的策略，而且也有賴對方的抉擇（Gardner，1995）。風險情境每一步都有潛在的相反性之福與禍。對局以CC為最佳結果。但求C，可能因被背叛，而成CD，得到較低的報償值。DC雖可得到較高的報償值但可能因DD而互相毀滅。因此每一D的益處，都有潛在的毀滅之危機；每一C的不利，都有潛在的益處；禍兮福所倚，福兮禍所伏。

3.確定情境

資訊在對局中，是影響得失的重要因素，「知己知彼，百戰不殆」。確定情境是資訊充足，對於對方會採取何種策略完全掌握。自己根據對方的決策做對自己最有利的決策。完全資訊（complete information）表示，角色知道下述各項：（1）參與角色，（2）所有參與角色的所有行動，（3）所有參與角色的可能結果（Friedman，1991）。二人對局的完全資訊可以用回溯歸納來解決，回溯歸納（backward induction）是從結果，回推至起源（Gardner，1995）。

確定情境的報償值，取決於「決策原則」，本身的偏好。確定情境每一步驟的利弊，都會種下日後與現在相反的禍或福。C決策得到報償較少。但長期因合作關係而得較大利益。D決策得到報償值較多，但長期因不合作而利益較小。

同步（simultaneous）決策，較多風險情境。接續（sequential）決策，較多確定情境。Stephen J. Majeski與Shane Fricks，利用單變項變異數分析（univariate ANOVA）的研究證明，經過溝通與沒有溝通的囚犯困境，具有差異性。結果顯示，當團體能夠溝通，就會有較多的合作，背離也較少。大部分的團體都擔心對方背離；溝通可以減輕此種憂慮（Majeski and Fricks，1994）。從實驗發現，溝通可以充實資訊，而資訊的充分與否，又影響決策。

Harsanyi（1982）亦認為假如能自由溝通，合作策略並不會有問題。但若兩位參與角色不能溝通，合作問題的解決就要巧智了；每一位角色都要猜測對方使用何種策略。在有充分資訊的接續談判，先行者能獲得較多的利益。

在不充分資訊的接續對局，被告知者有資訊上的便利（Gardner，1995）。一位角色知道的資訊，其他角色不知道稱為資訊不對稱（information asymmetry）。在信號對局（signaling game），一位角色知道得比另一位角色多，知道多的先行。如此，就傳送訊息給不知道的角色（Gardner，1995）。

常有事發後的人評論當事者的決策不當。此種「事後諸葛亮」的評斷並非公允，因「事後諸葛亮」是在充分和完全資訊的確定情境下，無利害關係所做的分析；它有別於當事者，面對資訊不完全和不充分的風險情境，在決策差異會導致不同的報償值的壓力下做抉擇。例如，事後可以做回溯歸納，當事者當時情況也許只能採混合策略，或用貝氏定理來下決定。

（二）接續賽局與資訊

接續賽局為非同步決策，易形成資訊的不對稱，通常以外延型（extensive form）表之。對局的外延型由以下項目組成：角色、對局樹（game tree）、決策結點、行動、資訊組合（information set）、報償值（payoffs）。

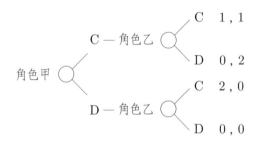

圖 8.6：賽局外延圖

　　圖8.6之「賽局外延圖」是一種動態對局（dynamic game），
參與角色的行動有先後順序，且後行動者能觀察到先行動者所選
擇的行動（張維迎，1997）；角色乙之策略選擇是在瞭解其對手
之策略後始加以訂定，這也就是對局理論中所言參與者之資訊。
因此角色乙之資訊集合就是角色甲所表現出來之行動。外延對局
的策略組合如下表：

表 8.3：策略組合

策略	CC	CD	DC	DD
C	1,1	1,1	0,2	0,2
D	2,0	0,0	2,0	0,0

　　「標準型」所表示之對局是參與者無法獲得對手行為之資訊，而處於「同步決策」（simultaneous decision）；是一種靜態對局（static game），參與角色同時選擇行動或雖非同時但後行動者並不知道前行動者採取了什麼具體行動（張維迎，1997）。標準型與外延型也是可以相互表示。外延型有許多便利之處，標準型就較難表現，例如，連續合作對局、回溯歸納等。

　　「外延型」模型中，角色乙在無法預知角色甲之行動，也就是在一種不充分資訊（mperfect information）下所作之決策，則以虛線範圍標示。角色做決定的點，又叫決策結點（decision node）。實線的圈稱終端結點（terminal node），是對局的端點。當參與角色做決策時，他了解他所進入的資訊組合，但不知道在這組合內的準確決策結點（Jones，1980）。假如一對局最少有一資訊組合，它有二或多個節點，那麼此為一不充分資訊的對局（Gardner，1995）。資訊組合中，一個角色在採取行動時，可能不知道賽局中先前發生的事情，此種情形為靜態對局。在無資訊

組合的決策樹中，第二位角色可以對第一位角色的行動加以觀察和反應。假如2PZS對局沒有充分資訊，一位參與者若能預測對方行動，就較占便宜。在此種情況下，對方角色採取的最好策略是混合策略，含某種程度的隨機（Mayberry，1992）。當角色面對不確定情境無從選擇時，採行機率分配的決策稱爲混合策略（mixed strategy）。單純策略（pure strategy）是一位角色對確定行動的選擇。

　　Kreps認爲有兩種情形不能存在於對局樹：決策節點有兩個決策來源，如倒反的決策樹，及決策成封閉的圈形循環。

（三）「普通知識」

　　「普通知識」（Common Knowledge）是每個人知道「每個人知道」，如此持續不斷（Binmore and Brandenburger，1990）。以下有三種解釋方式：Rubinstein認爲，對局G是角色1和角色2的「普通知識」，假如二者皆知道對局是G，則1會知道2知道對局是G和2知道1知道對局是G，1知道「2知道1知道對局是G」，及2知道「1知道2知道對局是G」，如此一直進行（Rubinstein，1989）。Reny稱，E事件是兩個體間的「普通知識」，假如每個人知道事件E，則每個人都知道彼此對方知道E，等等（Reny，1992）。Bicchieri解釋「普通知識」P爲，P在對局中不只被所有的參與角色知道，而

且「被知道」會被知道，「被知道會被知道」會被知道，如此不停（Bicchieri，1992）。

「普通知識」首先由Lewis（1969）在一次哲學研究會議提出，他說他是根據Schelling（1960）的基本概念而來。Aumann（1976）發展出的觀點，內容稍微有點差異。他提供了準確的特性，何時一個事件是「普通知識」，而不須經由不盡的輪迴（Binmore and Brandenburger，1990）。

Binmore and Brandenburger設三個人，每個人為Ka、Kb、Kc，而事件為E，則每個人所知道的為：

（每個人知道）E＝KaE ∩ KbE ∩ KcE

每個人知道「每個人知道」為：

（每個人知道）^{2}E

每個人知道「每個人知道每個人知道」為：

（每個人知道）^{3}E

多元角色的互動則為：

（每個人知道）^{n}E

Colorado Rockies的一壘手Andres Galarraga說，你認為它是一個變化球，結果它是一個直球。你想它是一個直球，倒頭來它是一個變化球。

依John Harsanyi（1967），沒有「普通知識」的情境，是以

不充分資訊的對局做分析（Binmore and Brandenburger，1990）。「普通知識」的概念，在對局中扮演主要角色（Reny，1992）。參與角色對安全困境的了解，和他能否設身處地的思考對方角色，影響其對他方過去行為的詮釋，和對未來的預測（Jervis，1978）。

　　在同步決策時，為避免「普通知識」的循環推理邏輯，可採下述步驟：1.利用優勢策略（dominant strategy）；2.避免劣勢策略（dominated strategy）；3.尋求納許均衡；假如無以上均衡，對方對任何有系統性的行為都可能採行，就須用4.「混合策略」加以對付（Dixit and Barry，1991）。

　　要避開「我知你知我知……」的反覆陷阱，可在分析中採用有限理性和複雜計算（Branderburger／dekel，1989）。或透過溝通、互動等，來解決「普通知識」問題。

　　世界棋王Kasparov於1996年2月10日，和IBM的人工智慧深藍（deep blue）對奕，在時代雜誌（Time，April 1，1996）的一篇短文，有如下的描述：「在我與深藍對奕的第一局，電腦輕輕推出一個卒，至一個很容易被擄獲的角落。我被這卒的犧牲呆住了。它代表什麼意義？……我盡最大的力量繼續比賽，但我輸了……後來我發現深藍的計算力太強大，它預估了以後六步，每一挽救卒的位移，電腦並不認為卒的犧牲是犧牲。深藍每秒可看超過1億

個位置。當電腦到此種程度，能評估各種不同結果的位置，挑選最好的一步來走……。

現在問題是，假如我為了完全不同的理由移動，電腦同樣的跟著移動，它會是「智慧」的下棋嗎？我稍微改變了眾所皆知的開棋順序。因為它無法將這新的移動，有意義的與資料庫類似的移動比較。它開始計算，但是沒有辦法發現一個好的計畫……。在最後五局，我都在避免給予電腦任何確定目標；假如它找不到方法來贏東西、攻擊國王、或滿足其他程序優先權，電腦就會無計畫的移動，而遭遇困難。最後我能想出其優先權，並調整我的棋。但它沒辦法用同樣的方法應戰對我……」（Kasparov，1996）。Kasparov自知無法以常理理性與深藍相比時，採用有限理性的策略，反而破解了對方理性的計算。

IBM針對「深藍」過於理性的問題，研發RS／6000SP改進機型，並再度與Kasparov交手，經一星期的比賽，於1997年5月12日，「深藍」以二勝一負三和的成績，戰勝從未有敗績的世界級棋王，Kasparov說：「電腦有時也會下出很像人的步數」。不過他也有怨言，因為深藍被嚴密保護，而他運用電腦練習棋步的過程卻是完全公開的（China Post；立報，19970513）。深藍修正理性為有限理性，加上二者資訊的不對稱性；一方有充分資訊，一方則無，致使Kasparov落敗。

七、解的概念（Solution Concept）

（一）納許均衡（Nash Equilibrium）：止於至善的決定

均衡在對局中占有極重要的地位，Ordeshook（1986）稱對局論的焦點集中在均衡的概念。納許均衡是Nash在1953年提出來的。其決策原則是假設對局中出現一種對雙方均最有利之結果，則此一結果成為參與者共同必須努力去達成的對局目標，否則任何一方參與者背離納許均衡原則均將受害（詹中原，1991）。因此，納許均衡是，在一連串的策略中，每一角色都有一策略，但每一參與角色都沒有動機背離（Kreps），由於參賽者所採取的策略是對其他參賽者的最佳策略的最佳反應（謝淑貞，1995），當參與角色再另行選擇時，也不會比目前的選擇更佳。納許均衡參與者所獲得的淨利益效用是最大的（Harsanyi，1982）。所以納許均衡的性質是，當它受到偶發的干擾，在干擾消失後，仍會回復均衡情況（Riker，1982），低機率失誤並不會破壞它（Gardner，1995）。

一般而言，納許均衡並不是唯一的。但如果我們對賽局再多做限制的話，我們可以得到唯一的Nash均衡解（謝淑貞，1995）。假如每一角色對其他角色的策略，有唯一最佳的反應，則稱為嚴格均衡（strict strategy）。混合策略因有多元最佳反應，

因此不是嚴格均衡（Gardner，1995）。納許均衡在不定情境，及風險情境中，所呈現的均衡並不穩定，並且可能不止一種。在確定情境，所呈現的均衡則是穩定，且可以是唯一的。

		角色乙	
		C	D
角色甲	C	2,2	0,0
	D	0,0	1,1

圖8.7：納許均衡

　　圖8.7之單純策略，有二納許均衡：（C,C）和（D,D）。但（D,D）不能有效防止兩位角色同時背離。兩角色偏好將對局從（D,D），轉變成（C,C）（Morrow，1994）。

（二）小中取大、大中取小：悲觀或樂觀的徘徊

　　墨子曰：「斷指以存腕，利之中取大，害之中取小也。害之中取小也，非取害也，取利也。」「利之中取大，非不得已也；害之中取小，不得已也。所未有而取焉，是利之中

之取大也；於所既有而棄焉，是害之中取小也。」（墨子第四十四篇大取）。

1.樂觀原則

成本：小中取小（Minimin－minimizing the possible minimum costs）

利潤：大中取大（Maximax－maximizing the possible maximum profits）

採取樂觀原則者，在成本的考量上，將各方案內的每一情境之成本做比較，選擇成本最低者。然後對每一方案的最低成本做方案間的比較，選出成本最低的方案。在利潤上則，比較得出各方案的最大報值，再選取其中報償值最大的方案。

表8.4：各方案在不同情境之利潤或成本

方案 \ 情境	S1	S2	S3
A	10	12	16
B	14	14	14
C	9	13	15
D	15	10	12

資料來源：吳定，1994

附表8.4中之數值爲收益時。A方案報償值最大者爲16，B方案爲14，C方案及D方案均爲15。其中以16爲最大，故選擇A方案（吳定，1994）。

附表8.4中之數值爲成本時，A方案成本最低者爲10，B方案爲14，C方案爲9，D方案爲10，故選擇C方案。

2.悲觀原則

成本：大中取小（Minimax－minimizing the possible maximum costs）

利潤：小中取大（Maximin－maximizing the possible minimum profits）

採取悲觀原則者，在成本的考量上，將各方案內的每一情境之成本做比較，選擇成本最高者。然後對每一方案的最高成本做方案間的比較，選出成本最低的方案。在收益上則。比較得出各方案的最小報償值，再選取其中報償值最大的方案。

表8.4中之數值爲收益時。A方案報償值最小者爲10，B方案爲14，C方案爲9，D方案爲10。其中以14爲最大，故選擇B方案（吳定，1994）。

表8.4中之數值爲成本時，A方案成本最高者爲16，B方案爲14，C方案爲15，D方案爲15，故選擇B方案。

損失，大中取小，或利益，小中取大策略是對局理論對參與

者一種保守決策原則之推測；也就是認爲一位理性的參與者在對局中會採取達到最低安全標準（security level）之理性決策。大中取小或小中取大認爲一位理性決策者在對局中會先假設對手會給予最激烈之打擊，而決策者在此種假設下，將自己的損害盡可能減低到最小，而盡可能將獲得之最小利益擴展到最大。

最早發現大中取小混合策略的是Waldegrave，並於Montmort（1713）發表。第一位證明大中取小原理用於二人零和（2PZS）對局的是Von Neumann（Mayberry，1992）。

參與者的悲觀原則採行之成本大中取小。或利潤小中取大原則，有時相反的利害觀念，可能會使對局產生完全不同的結果。以囚犯困境爲例：

（1）成本大中取小原則：（以判刑年數多視爲損失）

		乙		
		不招供	招供	
甲	不招供	1,1	10,0	10
	招供	0,10	5,5	5
		10	5	

圖 8.8：囚犯困境成本大中取小抉擇

甲招供判刑最高5年，不招供判刑最高爲10年，大中取小的悲觀原則，甲選5年刑的招供策略。乙招供判刑最高5年，不招供判刑最高爲10年，大中取小的悲觀原則，乙選5年刑的招供策略。因此兩位囚犯因採大中取小悲觀原則均招供，都判刑5年。

（2）利潤小中取大原則：（以判刑年數少視爲利益）

		乙		
		不招供	招供	
甲	不招供	1,1	10,0	1
	招供	0,10	5,5	0
		1	0	

圖 8.9：囚犯困境利潤小中取大抉擇

　　甲招供判刑最低0年，不招供判刑最低爲1年，小中取大的悲觀原則，甲選1年刑的不招供策略。乙招供判刑最低0年，不招供判刑最低爲1年，小中取大的悲觀原則，乙選1年刑的不招供策略。因此兩位囚犯將判刑視爲利益，採小中取大悲觀原則均不招供，反而都只判刑1年。

　　大中取小，小中取大，達到均衡，往往是CC策略。

（三）混合策略：左右為難的抉擇

以數學而言，混合策略是單純策略的機率分配。在單純策略裡，單純的選擇合作，或背離。在混合策略中，合作與背離都各占有若干比例（Gardner，1995）。期待效用最大化的意涵，可以簡明的以簡單的公式表示（Bacharach，1977）。在兩個期待效用相等時：

$pUw + (1-p) Ux = qUy + (1-q) Uz$

兩個期待效用不等時：

$pUw + (1-p) Ux > qUy + (1-q) Uz$

角色 1		角色 2		
		配合 q	背離 1 − q	
角色 1	配合 p	5,3	2,12	1／3
	背離 1 − p	10,4	1,1	2／3
		1／6	5／6	

圖 8.10：懦夫賽局的混合策略

混合策略中，角色1與角色2面對的策略解之計算如下：

角色1面對角色2所採行之策略q：

$5q+2（1-q）=10q+1（1-q）$

$5q+2-2q=10q+1-q$

$3q+2=9q+1$

$6q=1$

$q=1／6$；將之代入$1-q$

$1-q=1-1／6=5／6$

角色2面對角色1所採行的策略p：

$3p+4（1-p）=12p+1（1-p）$

$3p+4-4p=12p+1-p$

$-p+4=11p+1$

$12p=3$

$p=3／12=1／3$將之代入$1-p$

$1-p=1-1／3=2／3$

式中q，與p分別代表角色2，與1採行策略的機率。

解：｛角色1，角色2｝＝｛（1／3,2／3），（1／6,5／6）｝

角色本身單純策略的報償值，決定於對方的混合策略（Gardner，1995）。上式中，若角色2未採行（1／6,5／6）策略，或角色1未採行（1／3,2／3）策略；亦就是q與p的變化，均會影響角色1與角色2的報償值。

鞍點（saddle point）是在對局矩陣中，在橫列值最大，但在

縱欄卻最小；反之亦然（Binmore，1992）。沒有鞍點的賽局，競賽還是可以達到平直賽局的結果，即零和的結果，或一方的報酬值等於對方的損失值或支付值；也就是：

MAXi MINj Uij ＝ MINj MAXi Uij （Bacharach，1977）

但在沒有鞍點的情形下，競賽者不能再簡單地各用一個策略去達到零和的結果，必須用混合策略（mixed strategies）（伍啓元，1991）。由於單純策略不含機率，混合策略則有。當參與角色不願其行為被預測，亦可採行混合策略（Gardner，1995）。辨士匹配（matching pennies）單純策略中，並無納許均衡，如圖（morrow，1994）。其解的求得，就須採用混合策略。辨士匹配的混合策略均衡解為：角色1（1／2,1／2）；角色2（1／2,1／2）。

		角色乙	
		h	t
角色甲	H	1	－ 1
	T	－ 1	1

圖 8.11：辨士匹配

（四）貝氏定理：不確定未來的思量

在不完全訊息中，決策者往往不確定其行動的後果，吾人對世界可能的情境，以主觀機率來代表此種不確定性，這些機率代表每一不同情境的可能性，及決策者的相信（believe）程度。每一情境的主觀機率愈高，決策者愈相信其為真實的。假設這世界的情境有A和～A。則得簡化的貝氏定理公式（Bayesian Theorem）：

$$p（A｜B）＝p（A）p（B｜A）／p（A）p（B｜A）＋p（～A）p（B｜～A）$$

式中B為事件，而接續的理性和一致之「相信」及策略組合，即為接續均衡（sequential equilibrium）（Morrow，1994）。

（五）回溯歸納：預留後路的取捨

適用於完全資訊的接續賽局。

Janet Neelin等認為，談判者無法回溯歸納（backward induction）時，完全均衡（perfect equilibrium）就無法準確預測。在有均衡的有限對局，吾人可用回溯歸納來建構子對局完全均衡，它的建構從對局的最後一個子對局開始，找出每一子對局的均衡，如此一直到對局的最前端。圖8.12，角色乙在當角色甲選擇C策略時，會採C策略，因為6＞2；在當角色甲選擇D策略時，會採D策略，因為5＞3。角色甲了解，當他採C策略時，乙會選C策略，甲

報償值將只有2。若他改採D策略，則角色乙會選D策略，角色甲會得到7的報償。因此最後的解是角色甲，選擇D策略；角色乙，選擇D策略。

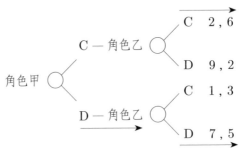

圖 8.12：回溯歸納

有完全資訊的每一對局，有子對局。一次同步對局沒有子對局。不完全資訊情況下沒有子對局。子對局（subgame）是整個對局的一部分，它能以對局單獨存在。標準型對局沒有子對局，只有外延型才有。一個策略，當每一子對局形成均衡，是子對局完全均衡（Gardner，1995）。

（六）蜈蚣賽局：只顧目前的選擇

利用回溯歸納，Rosental（1981）提出蜈蚣對局（Centipede Game）如圖，角色1和角色2若均採a策略，最後雙方的報償值各為

100，然而角色1回溯思考至第二步時，為防角色2選d策略使自己的報償值變為0，因此在第一步時，就選d策略，最後雙方各得報償值1收場。

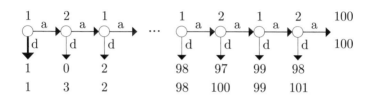

圖8.13：Rosental 蜈蚣賽局

蜈蚣賽局是接續賽局的信賴關係考驗，參與角色信賴關係不足，就會只顧目前的利益，如西諺，一鳥在手勝於兩鳥在林（a bird in the hand is worth two in a bush）。但當信賴關係夠，雙方就會合作，以求更大利益，商場上固定的生意夥伴，即是如此。此種關係，通常不會受短暫的外來較大利益所動搖。

（七）優勢策略：穩操勝算的賽局

在1981年，Leonard Silk撰寫有關國會對「經濟復甦賦稅法案」（Economic Recovery Tax Act）中的辯論認為，優勢策略（dominant strategy）是指，不管對方採行何種策略，自己的策

略均會優於對方。但Dixit and Nalebuff則覺得Silk對優勢策略的此種定義有待商榷。優勢策略應是，不管對手採何種策略，自己的策略優於本身其他策略，而非優於對手（Dixit and Nalebuff，1991）。有了優勢策略，決策時，就選取此策略。

		角色乙	
		C	D
角色甲	C	1,1	10,0
	D	0,10	5,5

圖 8.14：優勢策略

2角色均有優勢策略（dominant strategy）。角色甲在任一欄中，第二列有較高的報償值；角色乙在任一列，右欄有較高的報償值。

優勢策略分為強優勢策略（strongly dominant strategy），及弱優勢策略（weakly dominant strategy）。設角色M1的策略為S1與S2；M2的策略組合sj。則（Morrow，1994）：

強優勢策略為：M1的所有S1策略都大於S2

對所有sj：M1（S1；sj）＞M1（S2；sj）

弱優勢策略為：對所有sj而言，M1的S1策略大於或等於S2。對

有些s_j而言，M1的S1策略大於S2。

對所有s_j：M1（S1；s_j）≧M1（S2；s_j）

及

對有些s_j：M1（S1；s_j）＞M1（S2；s_j）

圖8.14囚犯困境中，甲招供判刑的年數爲（0,5），不招供爲（1,10）。0＜1，5＜10，招供爲優勢策略，甲選取招供。乙招供判刑的年數亦爲（0,5），不招供爲（1,10）。0＜1，5＜10，招供爲優勢策略，乙也同樣選取招供。雙方都有優勢策略，雙方都採行，因此都招供。

混合策略、貝氏定理、蜈蚣賽局，均有完全資訊，但無充分資訊。

混合策略爲同步賽局，貝氏定理和蜈蚣賽局爲接續賽局。

囚犯困境、與蜈蚣賽局均利用優勢策略。由此二賽局可得知、掌握優勢策略，並未能確保結果會得最大利益。

優勢策略不能和混合策略同爲解。並沒有解可以一方面滿足優勢的報償值，同時又滿足對稱的混合均衡（Gardner，1995）。易言之，採行混合策略或貝氏定理，係因無優勢策略，如懦夫賽局、獵鹿賽局。

優勢策略反之，即劣勢策略（dominated strategy）。決策者應避開劣勢策略，以求最小之損失。對局中，假如你沒有優勢策

略，而對手有，可預期對方會利用此優勢策略，而你要如何來因應它（Dixit and Nalebuff，1991）。

（八）合作核心：促成合作的要因

核心（core），是雙方共同必需的部分，雙方均不願失去，爲此就會合作。此點常用於談判協商。

甲　乙

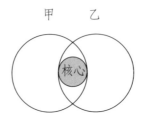

圖 8.15：具有核心的合作

二圓的交會處的圓心爲核心，交會處爲合作的範圍。

「核心」可能不是雙方的最大利益，但是是必要利益，雖然雙方處於不合作態勢，但只要此「核心」存在，雙方就會持續合作。

一對戀人放假相約在一起，男方想去看太極拳比賽，女方想去聽音樂會，就成如下的報償矩陣圖。

		女方	
		太極拳賽	音樂會
男方	音樂會	0,0	10,15
	太極拳賽	15,10	5,5

圖 8.16：具核心之雙均衡矩陣圖

「在一起」為雙方決定去觀賞太極拳賽或去聽音樂會的「核心」，報償值10。各自去觀賞太極拳賽或去聽音樂會的報償值5。雙方一起去觀賞太極拳賽或去聽音樂會的報償值合起來為25，其中一方的報償值達15。若各自去觀賞太極拳賽或去聽音樂會，報償值合起來為10，各自的報償值為5。一起觀賞太極拳賽或去聽音樂會，都會達到納許均衡；各自前往並不會。假如無「在一起」的意念，其報償矩陣圖如下：

		女方	
		太極拳賽	音樂會
男方	音樂會	0,0	0,5
	太極拳賽	5,0	5,5

圖 8.17：無核心之優勢策略矩陣圖

男方獨自去觀賞太極拳賽的報償值5，女方獨自去聽音樂會的報償值5，此選擇為優勢策略；無核心的雙方最後各自前往太極拳賽和音樂會。

當「核心」為雙方同一和唯一的物質形體時，任何一方獨占，就會引起衝突，例如領土。但當它是共通的精神信念或信仰時，占有並不影響他方的持存，雙方不但不會排斥，反而加深共同合作，例如黨派、宗教。

有核心的合作成納許均衡。沒有核心的合作是不穩定，如資源均分賽局，當雙方無利可圖時，就可能會背離。

（九）以牙還牙：兩敗俱傷或互蒙其利

策略不是單向的，對方必然會反擊，因此必須預估對方可能的反應。策略付諸實施之後，必須持續監視其效果，並且依照實際發生的情況隨時更新策略。換言之，監視活動是制定新策略的重要情報來源（徐聯恩譯，1996）。風險情境的思考，雙方均在情境不明下進行，假如甲方不是蓄意傷害乙方，結果縱然使得乙方居不利地位，乙方會考量甲方係居於自保所致，較不會累積怨恨。但在確定情境下，由於乙方的決策甲方已知悉，甲方仍然採取不利乙方的決策，較易引起乙方的不滿情緒，因此在確定情境下，你來我往的策略是激烈的。所以就孕育了Tit－for－Tat及Tat－

for－Tit的決策。

1.以牙還牙；以其人之道還治其人之身（**Tit for Tat**）

著名的政治學家Robert Axelrod曾做過一個試驗，他向世界各地的對局論專家、經濟學家和數學家徵求意見。請他們提出各自最好的謀略計畫，以便能夠在重覆的對局中取勝。試驗結果優勝者是一種非常簡單，被稱做「以牙還牙」的戰略（tit－for－tat strategy）。實行這種戰略只要記住以下幾個步驟：在第一輪的遊戲中做出友好姿態，制訂一個高價位。如果你的對手也制訂高價位時，繼續保持高價位。一旦競爭對手降低價格，你也立即降低價格。如果競爭對手決定合作，提高其價格，你也緊接著提高價格。「以牙還牙」的原則，即是以其人之道還治其人之身的原則。它有四個優點：1、規則簡單，2、先禮後兵，3、懲罰的確定性，4、容易建立合作關係（武常岐，1994）。Axelrod（1984）亦認為Tit for Tat 是甚佳的策略，它不會先背離；對方若背離則立刻報復性背離；倘對方願意合作，立即不記前怨的配合（Stoker，1991）。Dixit and Nalebuff覺得在競賽中，假如你已居於領先的地位，保持繼續領先的最好方法是，對方採取什麼策略，你就依樣劃葫蘆（Dixit and Nalebuff，1991）。不過Tit for Tat只適用於連續對局。

2.對立原則（Tat for Tit）

與對方採取不同的策略（Brams，1975），以德報怨，或以怨報德。

當對方採合作CC策略時，若採Tat for Tit背離，可能引起對方的不信任，回以Tit for Tat，最後造成雙方背離的DD局面。假如對方採DC策略，在有條件下採合作態度，可能對方亦因之而願意雙方形成合作的CC情況。因之Tat for Tit 有助促成對局轉移。

（十）一次或連續賽局

1.一次對局

在第一次，也是最後一次對局中，參與者是同時下決策的。由於只有一次對局，參與角色因沒有其他機會，容易背離，以求得最大利益。一次對局中。決策往往是同步的，其情境也往往是風險情境。

2.重覆對局

Brams（1990）認為，除了第一次是同時下決策外，以後每一對局，大都是根據對方行動發出的信息（signal）所作的回應。易言之，它是有先後順序的。這個交替進行的戰略互動，要一直進行談判之一造發現，再怎麼更改戰略也無法增加所獲之後才會停止（劉必榮，1993）。無限重覆對局與合作互動相關，在此種對

局中，合作被視爲具有無限生機（Gardner，1995）。

每一回施行的對局稱爲一次對局（one－shot game），一次對局的所有組合稱爲重覆對局（repeated game）。對局會再進行的機率稱爲持續機率（continuation probability）（Gardner，1995）。重覆對局中有幾個策略有特別的名稱：

無條件策略（unconditional strategy）：先採左策略，複採左策略。

旋轉策略（rotation strategy）：先採左策略，再採右策略。

激發策略（trigger strategy）：先採左策略，只要對方也採左策略，就再採左策略。

連續賽局會與對局移轉有關。標準對局的四個對局，代表的情境如下：

DC：企圖背離以求較大利益。

CD：沒必要的合作導致之損失。

CC：相互合作報償。

DD：相互背離導致的共同毀滅。

Stoker的四種對局類型，其報償值比較如下：

囚犯困境　　　DC ＞ CC ＞ DD ＞　CD

資源均分　　　DC ＞ CC ＞ CD or　DD

懦夫賽局　　　DC ＞ CC ＞ CD ＞　DD

獵鹿賽局　　　　CC ＞ DC ＞ DD ＞ CD

四者的共通特性是，參與角色最不懼DD結果者，其策略一直保持D；而擔心DD結果者，其策略可能為C。因此不懼DD者，其結果會是DC，而得到較大的利益。不願見到DD後果者，其結果會是CD，反而得到較小的利益。四者尤以懦夫對局為甚。

對局的利益排序DC＞CC＞CD或DD，持反對的不配合策略，可以得到較多的利益。但此種結果並未包含時間因素，以長時期觀之，結果就會發生變化，不配合的策略成本將漸漸提高，利益相對降低。而合作在初期，利益雖較少，由於長時間而言成本減低，利益相對增加（Robert P. Stoker 1991：84）。短期的妥協，以長期而論可能是較佳的策略（Dixit and Nalebuff，1991）。

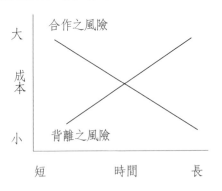

圖 8.18：加上時間因素之對局
資料來源：Stoker，1991

但有些決策者由於折扣因素（discount factor），沒有耐心等待報償，所以背離（Morrow，1994）。折扣因素的公式如下（Gardner，1995）：

$\delta = 1 / (1+r)$

式中δ為折扣因素，r為折扣率。設r＝0.1，現1元價值，經過10次對局，則只剩（1／1.1）10＝$0.38。

囚犯困境中，若非差距極大的優勢策略，通常R＞（S＋T）/2。合作加上折扣因素後，其報償值大於背離時，就較不會背離，如下式：

$R+\delta R > T+\delta S$；化解可得：$\delta > T-R / R-S$

同樣的$\delta > T-R / T-P$時，也不易背離（Morrow，1994）。

		角色乙	
		C	D
角色甲	C	R,R	S,T
	D	T,S	P,P

圖8.19：囚犯困境的兩難
資料來源：Morrow，1994.

註解：

T：誘惑（Temptation）；R：報償（Reward）；P：處罰（Punishment）；S：易受騙者（Sucker），報償值T＞R＞P＞S

　　加上時間因素的對局轉移通常為DC／CD→DD→CC。若雙方都不願預見DD，則會產生DC／CD→CC，先和平相處或受規範而相安無事CC。接著有人背離得到利益最大化DC；對方相對的受損CD，並採取報復行動，造成DD。雙方均無法承擔損失，開始接受CC。然重覆對局中，若有參與者不在乎DD者，先行讓步會成為CD情況。若要避免參與者不懂DD，可設法提高DD所付出的代價，而增加了他方合作的動機。

　　影響對局轉移的因素

　　（1）參與者的策略：對局的走向依參與者的策略而轉移。

　　（2）雙層對局：對局轉移受對局參與者所代表的第二層之人、公司、機關、或國家的影響。因此對局的走向並不一定如

對局參與者的期望。例如，一個國家的談判代表可能了解合作會帶給國家益處，堅持立場的追求DC，會帶來毀滅。但受到國內壓力的影響，也只好求取DC，放棄CC，最後在對方也是同樣的情況下，導致DD的結果。

（3）意外事件：理想的策略是，其他參與角色從均衡狀態背離的機會極少。吾人稱此種機會爲「震懼」（trembles）。震懼可被認爲採取行動時發生失誤、其他角色的不理性、欠缺均衡所需的普通推測知識等的機率（Morrow，1994）。無法掌控的突發事件，使得對局發生變化。「因錯誤估算或誤判擦槍走火而引起兩國之間戰爭」一直是國際衝突研究中，解釋戰爭發生的重要原因之一。但是近年來愈來愈多學者相信，由於二次大戰以後國際之間溝通以及軍隊指揮系統之間情報掌握與通訊、控制、協調科技（所謂的三C）的革命性進步，已使得這種戰爭發生的可能性愈來愈小（吳秀光，1996）。應付震懼的方法是混合策略，依無法掌控因素可能發生程度，給予不同機率的策略分配。

3.最後一次對局

連續賽局最後一局，和一次對局一樣，別無其他機會，參與

者為求最大利益，不合作的機率高。

　　儘管大家都同意解除武裝的結果，比武裝好，每一個國家，不管他國如何，總偏好於將自己武裝起來（Dixit and Nalebuff，1991），以因應自發或他動的可能不合作情況。

八、太極拳的應用

（一）內家拳與外家拳的賽局表示

　　以D代表「陽」，用力；以C代表「陰」，不用力。

　　矩陣圖如下：

		角色乙	
		C	D
角色甲	C	內家拳	內家拳／外家拳
	D	外家拳／內家拳	外家拳

圖 8.20：內家拳與外家拳的賽局表示

　　武術衝突的二個處理方式：

　　① 相抗：A—B＜1，如外家拳

　　② 結合：A＋B＝1，如內家拳

　　設A、B為0～1，則外家拳與內家拳參與者角色關係的策略形成如下表：

表8.5：外家拳與內家拳參與者角色關係

類別	角色關係	說明	策略
外家拳	A－B＝0	互相毀滅	DD
外家拳	A－B＜1	付出代價的打敗對方	DC
內家拳	A＋B＝1	互相禮讓	CC

報償值矩陣圖：

		角色乙	
		C	D
角色甲	C	1	＜1
	D	＜1	0

圖8.21：外家拳與內家拳參與者報償矩陣圖

另舉例：設A＝1，B＝0

A－B＝1 DC

A＋B＝1 CC

CC＝DC

設A＝1，B＝0.5

A－B＝0.5 DC

A＋B＝1.5 CC

CC＞DC

設A＝1，B＝1

A－B＝0 DD

A＋B＝2 CC

CC＞DD

CC≧DC＞DD，因此內家拳比外家拳較不會造成雙方的損傷。

（二）太極拳在賽局理論中的類型

各種情境的決策方式

1.囚犯困境：外家拳選取D策略，力量形成A−B＜1，雙方交相背離而互損。

太極拳策略選擇上，雙方因被動退讓，偏向選合作的C策略，反而得圖中的0.7報償值，而非背離的0.3。

		角色乙	
		C	D
角色甲	C	0.7,0.7	0,1
	D	1,0	0.3,0.3

圖8.22：囚犯困境

在攻防上，太極拳借力使力，同Game Theory一方決策受他方決策的影響。

（1）對方主攻，似得，己回應以「白鶴亮翅」，一手走化，另一手發勁，反使對方陷於不利地位。

（2）對方主攻，己一手走化，「攬雀尾」，借同一方的腳為實之勢，另一手與此腳交叉反推對方，使對方由得反失。

2.資源均分：A＋B＝1或A＋B＝0，CD或DC策略的能量消長得失。

推手與對方力量「互為消長」，A力量大B就減小，A力量小B就可加力；此時總能量不變，為A＋B＝1定和賽局。

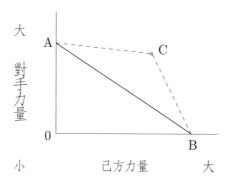

圖8.23：均分賽局力量消長圖

若以「得」、「失」來計較，則一方所得爲他方所失，成零和賽局：A+B＝0；此時，因須付出成本，總能量減少，如外家拳一方將他方擊敗。

3.懦夫賽局：A−B＝0，外家拳的DC策略促成兩敗俱傷的DD結局。

圖AOB所示，若推手雙方也各求最大利益，結果也同樣會適得其反。

（1）對方猛推，己借勢轉胯，引對方前仆。

（2）一方用力推可能一得一失。雙方同時用力互推，反而雙雙摔倒。

4.獵鹿賽局：A＋B＞1 互助的CC策略，有益切磋技藝。

圖8.23之C點，雙方合作研究促成技藝的增長。

（三）資訊

推手，當雙方開始搭手，此時之資訊不完全，也不充分。

1. 一方發勁，資訊就由不定轉成確定，因此後發者可取得較明確的資訊。如同接續賽局，知對方動向，資訊成爲充分資訊，就可採取單純策略。

2. 鬆，提高手的敏感性，形成如同天線般的功能，擷取訊息。

九、太極拳的解

（一）納許均衡

Nash均衡雙方都立在鞍點上（Saddle Point），任何一方離開鞍點均不利。推手對峙不相上下時，前推可能自落虛空，後移對手可能順勢拔根。

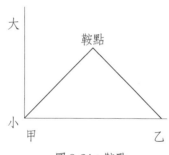

圖 8.24：鞍點

（二）太極拳的小中取大（以懦夫賽局為例）

外家拳賽局之報償值依序為1＞0.7＞0.3＞0；亦就是DC＞CC＞CD＞DD

為求最大報償值，不顧成本支出，於是就會採樂觀原則，取用力的D策略。

		乙		0.7
		不用力 C	用力 D	
甲	不用力 C	0.7,0.7	0.3,1	0.7
	用力 D	1,0.3	0,0	1
		0.7	1	

圖 8.25：外家拳報償矩陣圖——樂觀抉擇

　　採樂觀原則，大中取大，均用力，兩敗俱傷，最後反而得0。

　　反觀太極拳，採悲觀原則，並不求最大報償值。

		乙		0.3
		不用力	用力	
甲	不用力	0.7,0.7	0.3,1	0.3
	用力	1,0.3	0,0	0
		0.3	0	

圖 8.26：太極拳報償矩陣圖——悲觀抉擇

　　因悲觀原則，小中取大，均不用力，最後得0.7，反而有較大報償值。

（三）混合策略

「勁似鬆非鬆。將展未展。勁斷意不斷」。陰中有陽、陽有有陰。陰陽相濟，以應付對方不明的實力及拳路。

（四）貝氏定理

和回溯歸納不同，先發勁者，並不曉得對方的反應，此時發勁就須保留，不能達到極致，以免對方反擊而來不及回應。腳亦然，膝蓋不能超過腳尖，以免有失中正，而造成前傾。

（五）回溯歸納

人的本能反應，加壓就會反抗；後抽就會向前傾。利用此種天性，基於陰陽消長的原理，餵對方力量，趁其回應時發勁，就能借力使力。例如，推不動對方時，己略微減少施壓，對方為防前傾亦會回收，就可乘勢借力發勁。（林木火講述）

（六）蜈蚣賽局

蜈蚣賽局結果，先發制人，得利最少。太極拳後發制人，不急攻，俟最後才取，得蜈蚣賽局最佳解。

太極拳有利可圖時，並不力爭，而會先讓對方。蜈蚣賽局中，以太極拳理解之，雙方利益愈來愈多，最後達到雙方均最有利的結果。

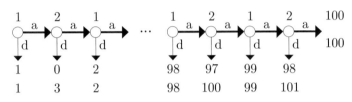

圖 8.27：蜈蚣賽局的太極拳解

太極拳一方在2時，他方會捨己從人。因其不爭，利益累積愈來愈多，所以最後成其大，雙方均得到100的報償值。

（七）優勢策略

能「鬆」及做好「因敵變化」、「主宰於腰」、及「得機得勢」的「三要」，就能掌握優勢策略。反之犯了「丟」、「頂」、「滯」的「三不」，就會陷於劣勢策略。

（八）合作共通核心

推手比賽常形成用力的互推，失去了太極拳不用力的拳理。但賽員若有「鬆」的「核心」共識，就會很快的校正過來。

（九）以牙還牙

以其人之道還治其人之身。

從$A-B<1$至$A+B=1$

推手比賽無鬆共識的雙方就會愈推愈猛，愈推愈用力；似乎非如此無法反制對方。最後落得兩敗俱傷。一方若能不用暴力，則對方不受刺激，而用暴力回報也無好處時，就會禮尚往來，輕輕以對。

（十）一次或最後一次對局

一次決勝負或最後一次賽局，以太極拳的拳理而論，不會因此孤注一擲，否則優勢策略變成略勢策略。其可能情況為：

用力前推：對方走化，導致己向前趴。

借力猛採：對方可能順「採」之勢，報之以「靠」。

因此縱然是一次決勝負或最後一次賽局，仍需按步就班，依理行事。

十、太極拳的最佳解

太極拳借力使力，賽局理論一方決策受他方決策的左右。二者都是自己的力量或決策結果會受對方的力量或決策而產生相反的效果。前者，陰陽相濟；後者，背離與合作互用。

賽局理論立基是主動競利，太極拳被動順勢。在觀念方法上，前者，小我大於大我；後者，則讓對方成其大，利用時間陽消陰長，當對方由大變小時再坐大自己。

太極拳的人不知我，我獨知人；在賽局理論因知訊有無，產生風險和確定的不同情境。賽局理論的囚犯困境、貝氏定理，都存著太極拳的虛中有實，實中有虛道理。

表 8.6：賽局議題的太極拳解

賽局議題	太極拳的解	結果
囚犯困境	不背離	坐牢的年數較少
資源均分	互為消長	無成本負擔
懦夫賽局	不採英雄主義	無大好大壞
獵鹿賽局	合作	利益最大化
納許均衡	不背離	維持均衡
小中取大	採行	無大好大壞
混合策略	採行	無大好大壞
貝斯定理	採行	無大好大壞

回溯歸納	運用	創造預期效果
蜈蚣賽局	誠信合作	利益最大化
優勢策略	把握拳理	免成劣勢
共通核心	鬆	增長拳藝
以牙還牙	合作	推手良性發展
一次賽局	不改拳理	不會造成最差的結果

　　求永恆發展的方式，賽局理論講納許均衡，太極拳則主鬆柔。賽局理論在不穩定的均衡點，雙方隨時會趁機背離，太極拳以鬆柔被動順勢處理，而使對方難以破壞均衡。太極拳不只在囚犯困境、懦夫賽局、蜈蚣賽局、以牙還牙等賽局理論的各項問題，可得最佳解；對於納許均衡，亦有其取得平衡獨到之處。

第九章
結語

一、競合關係的面對

「弱肉強食，優勝劣敗。」弱與強往往是即存的條件，難以改變。但弱不一定是劣，強也不一定是優，「尺有所短，寸有所長」，端在能否取長補短，把握契機，扭轉情勢。

此種強與弱之區分及對策理論有「力」、與「勢」的差異：

以「力」的混用為主：談判、賽局理論；談判掌握對方的必需品，以作為交換互利的籌碼；賽局則善用力量和利益。

以「勢」為軸心：太極、孫子、老子。

順勢是採柔的守勢，柔為陰，但不能永遠的柔弱，否則仍為陽上陰下的否卦。如何避免成為否卦，就須扭轉乾坤，有化解剛強之道：太極拳以鬆，轉胯化解對方來勁；孫子以道天地將法，知己知彼化解對方的攻勢；老子則以空，來容物。

易經、老子、孫子、太極拳之間的關連性如下：

易經（循環）→老子（空、柔）→太極拳（鬆）

易經（循環）→老子（有無相生）→孫子（避其銳氣擊其惰

歸）→太極拳（引進落空合即出）

　　賽局理論和易經的異同是，賽局理論是操作性的直接處理權力，易經是說明全面權力消長；二者均以均衡為主軸，易經的陰陽消長為原理。

二、競合關係呈現的陰陽哲理

　　競合關係中，各學說理論呈現的陰陽哲理為：

　　易經以六十四卦整體呈現天地人關係。

　　賽局理論以賽局圖用泰否卦混合方式處理競合關係。

　　老子以空的思維輪迴概念闡述泰卦的人際關係。

　　太極拳、孫子兵法、談判均以小來大往的泰卦方式，具體處理及改善人際關係。

　　否卦的「正反合辯證」增加人際關係的緊張。

　　「虛實宜分清楚」，但假如陰是陰，陽是陽，各不相干，則會停滯成否卦。所以須陰陽相濟才能「總此處處虛實」，才會「剛柔相磨，八卦相盪」，產生流通循環，成泰卦。演進如下：

　　否卦（陽上陰下）→陰陽相濟→流通循環→泰卦（陰上陽下）→圓

表 9.1：競合關係呈現的陰陽哲理

名稱	陰陽哲理	呈現	卦別
易經	變，陰陽消長，循環輪迴	六十四卦，天地人	全卦
賽局	順從與背離的較勁	賽局圖，爾虞我詐	泰／否
老子	空，有無相生	無為	泰
孫子	知己知彼，避其銳氣擊其惰歸	不戰而屈人之兵	泰
談判	有無互補	交換互利	泰
太極拳	鬆，引進落空合即出	以柔克剛	泰
正反合	正反互斥	否定互損	否

　　賽局理論、談判學與太極拳、《孫子兵法》、老子學說的差異似一體的兩個不同面向。賽局理論、談判學在贏者統吃時，接近否卦，與太極拳、《孫子兵法》、老子學說相去甚遠。在尋求雙贏時，就接近泰卦。

太極拳 → 陰陽相濟 → ┌─────────────────┐ → 泰 → 易經
　　　　　　　　　　　│孫子兵法、老子學說──陰盛│
　　　　　　　　　　　│─────────────────│
　　　　　　　　　　　│賽局理論、談判學───陽衰│
　　　　　　　　　　　└─────────────────┘

圖 9.1：太極拳和易經貫串競合關係之學說理論

三、太極拳體現小往大來陰陽相濟

易經泰卦的小來大往陰陽相濟,太極拳最能具體而微瞬間驗證,因在推手的過程中,稍有不符合陰陽相濟的道理,對手即可乘虛而入。不只是自己本身的動作如是,和對方之間的互動,均需陰陽相濟。

子曰「吾道一以貫之」,太極拳體現陰陽相濟的道理,連貫了被動順勢之孫子與老子學說,也與主動強勢之西方賽局理論和談判學相對應。易經在小往大來八卦循環變化中,「範圍天地之化而不過,曲成萬物而不遺。」盡述世局興衰,綜觀人間的潮起潮落。由小而大,太極拳和易經陰陽相濟道埋,貫串中外競合關係之學說與理論。

參考書目

◎中文

- 余志超（2004）《少林遇上武當》。台北：究竟出版社。2004年9月。
- 余培林／注釋（2006）《新譯老子讀本》。台北：三民書局股份有限公司。2006年1月。
- 吳定（1994）《公共政策》，台北：華視文化事業公司。
- 吳秀光（1997）〈從理性抉擇途徑談行政革新〉，行政革新：理論與實務整合學術研討會。台北：國立政治大學公共行政學系。
- 林瑜芬（1993）《核四爭議中台電公司與環保聯盟衝突互動之研究》。輔仁大學大眾傳播學碩士論文。
- 南懷瑾（1995）《易經雜說》。台北：老古文化事業股份有限公司。1995年8月
- 南懷瑾（1995）《易經繫傳別講》（上、下傳）。台北：老古文化事業股份有限公司。1995年6月
- 張義敬（1999）《太極拳理傳真》。台北：時中學社。1999年7月。
- 張維迎（1997）《博弈理論與信息經濟學》。上海：三聯書店、人民出版社。
- 張肇平（1996）《太極拳與老子道德經》。台北：合祥印刷有限公司。1996年7月。
- 張肇平（2009）《論太極拳》。北京：北京體育大學出版社。2009

年1月。

• 郭建勳／注釋，黃俊郎／校閱（1996）《新譯易經讀本》。台北：三民書局股份有限公司。1996年1月。

• 詹中原（1991）〈應用知識提昇公共政策品質──政策科學的實用性探討〉，《理論與政策》，第5卷第2期，PP.1－7。

• 劉必榮（1993）〈不對稱結構下的談判行為分析〉，東吳政治學報，第2期，PP.219－267。

• 劉必榮（1994）《談判孫子兵法》。台北：希代書版股份有限公司。

• 鄭曼青（1977）《鄭子太極拳自修新法》，再版。台北：時中拳社。1977年7月。

• 謝淑貞（1995）《賽局理論》。台北：雙葉書廊有限公司。

◎英文

• Aumann, Robert J. (1989). *Lecture on Game Theory*. Boulder: Westview Press.

• Axelrod, Robert (1984). *The Revolution of Cooperation*. New York:Basic Books, Inc., Publishers.

• Bacharach, Michael (1977). *Ecomonics and the Theory of Games*. Cikirado: Westview Press.

• Bicchieri, Cristina (1993). *Rationality and Coordination*. Cambridge: Cambridge University Press.

• Binmore, Ken (1990). *Essays on the Foundations of Game Theory*.

Oxford: Basil Blackwell Ltd.

- Binmore, Ken, and Adam Brandenburger (1990). "Common Knowledge and Game Theory." *Essays on the Foundations of Game Theory*. Oxford: Basil Blackwell Ltd.
- Brams, Steven J. (1975). *Games Theory and Politics*. New York: A Division of Macmillan Publishing Co. Inc.
- Brams, Steven J.(1990). *Negotiation Games: Applying Game Theory to Bargaining and Arbitration*. New York: Rouledge.
- Dixit, Avinash K., Barry J. Nalebuff (1991). *Thinking Strategically--The Competitive Edge in Business, Politics, and Everyday Life*. New York: W.W. Norton & Company.
- Gardner, Roy(1995). *Games for Business and Economics*.New York:John Wiley & Sons, Inc.
- Goetze, David (1994). "Comparing Prisoner's Dilemma, Commons Dilemma,and Public Goods Provision Designs in Laboratory Experiments," *Conflict Resolution*, Volume 38, Number 1.
- Harsanyi, John C. (1982). *Papers in Game Theory*. Dordrecht: D. Reidel Publishing Company.
- Jervis, R. (1978). "Cooperation Under the Security Dilemma," *World Politics*, 30(2), P 171.
- Jones, A.J. (1980). *Game Theory: Mathematical Models of Conflict*. Chichester: Ellis Horwood Limited.
- Kasparov, Garry (1996). "The Day that I Sensed a New Kind of Intelligence," *Time*, April 1, 1996.

- Kohlberg, E. (1989). *Refinement of Nash Equilibria: The Main Ideas.*Harvard University

- Lewis, D.(1969). *Conventions: A Philosophical Study.* Cambridge, Mass.:Harvard University Press.

- Luce, D., and H. Raiffa (1957). *Games and Decisions.* New York: Wiley.

- Lum, Grande(2005) *The Negotiation Field Book.*New York:McGraw-Hill.

- Mayberry, John P. (1992). *Game-Theoretic Models of Coperation and Conflict.* Boulder, Colorado: Westview Press, Inc.

- Morrow, James D. (1994). *Game Theory for Political Scientists.* Princeton University Press.

- Neelin, Janet, Sonnenschein, Hugo and Spiegel, Mathew (1988). "A Further Test of Noncooperative Game Theory," *American Economic Review*, September, 78, 824-36.

- Reny, Philip J. (1992). "Common Knowledge and Games with Perfect Information," *Knowledge, Belief, and Strategic Interaction*, Cristina

- Riker, William H. (1982). *Liberalism Against Populism--A Confrontation Between the Theory of Democracy and the Theory of Social Choice.* San Francisco: W.H. Freeman and Company.

- Rubinstein, Ariel (1989). "The Electronic Mail Game: Strategic Behavior under Almost Common Knowledge," *The American Economic Review*, June, vol. 79, no.3, pp. 385-91.

- Schelling (1970). *The Strategy of Conflict*. Cambridge: Harvard University Press.
- Stoker, Robert P. (1991). *Reluctant Partners-Implementing Federal Policy*. Pittsburgh: University of Pittsburgh Press.
- Snyder, Glenn H. (1971)."Prisoner's Dilemma and Chicken Models in International Politics," *International Studies Quarterly*.
- Wu, Jianzhong, and Robert Axelrod (1995). "How to Cope with Noise in the Iterated Prisoner's Dilemma." *Journal of Conflict Resolution*, Vol. 39, No. 1, March, PP. 183-189.

附錄

一、太極拳論——張三豐祖師

一舉動周身俱要輕靈，尤須貫串。氣宜鼓盪，神宜內斂，無使有缺陷處，無使有凹凸處。無使有斷續處。其根在腳，發於腿，主宰於腰，形於手指。由腳而腿而腰，總須完整一氣，向前退後，乃能得機得勢。有不得機得勢處，身便散亂，其病必於腰腿求之。上下前後左右皆然。凡此皆是意，不在外面。有上即有下，有前即有後，有左則有右。如意要向上，即寓下意。若將物掀起而加以挫之之力，斯其根自斷，乃壞之速而無疑。虛實宜分清楚。一處有一處虛實，處處總此一虛實。周身節節貫串，無令絲毫間斷耳。

長拳者，如長江大海，滔滔不絕也。掤、挒、擠、按、採、挒、肘、靠、此八卦也。進步、退步、左顧、右盼、中定，此五行也。掤、挒、擠、按，即乾、坤、坎、離，四正方也。採、挒、肘、靠，即巽、震、兌、艮，四斜角也。進退顧盼定，即金木水火土也。合之則爲十三勢也。

原註云：此係武當山張三豐祖師遺論，欲天下豪傑延年益壽，不徒作技藝之末也。

二、明王宗岳太極拳論

太極者無極而生，陰陽之母也，動之則分，靜之則合，無過不及，隨曲就伸。人剛我柔謂之走，我順人背謂之黏。動急則急應，動緩則緩隨，雖變化萬端，而理爲一貫。由著熟而漸悟懂勁，由懂勁而

階及神明。然非功力之久，不能豁然貫通焉。虛靈頂勁，氣沉丹田，不偏不倚，忽隱忽現。左重則左虛。右重則右杳。仰之則彌高，俯之則彌深，進之則愈長，退之則愈促。一羽不能加，蠅蟲不能落，人不知我，我獨知人，英雄所向無敵，蓋皆由此而及也。斯技旁門雖多，雖勢有區別，概不外乎壯欺弱，慢讓快耳。有力打無力，手慢讓手快。是皆先天自然之能，非關學力而有爲也。察四兩撥千斤之句，顯非力勝，觀耄耋能禦衆之形，快何能爲。立如平準，活似車輪，偏沉則隨，雙重則滯；每見數年純功，不能運化者，率自爲人制，雙重之病未悟耳。欲避此病，須知陰陽相濟，方爲懂勁。懂勁後，愈練愈精，默識揣摩，漸至從心所欲。本是捨己從人，多誤捨近求遠，所謂差之毫釐，謬以千里，學者不可不詳辨焉，是爲論。

三、十三勢行功心解

以心行氣，務令沉著，乃能收歛入骨。以氣運身，務令順遂，乃能便利從心。精神能提得起，則無遲重之虞，所謂頂頭懸也。意氣須換得靈，乃有圓活之趣。所謂轉換虛實也。發勁須沉著鬆淨，專主一方。立身須中正安舒，支撐八面。行氣如九曲球，無往不利。（氣遍身軀之謂）運勁如百煉鋼，無堅不摧。形如搏兔之鵲，神如捕鼠之貓。靜如山岳，動如江河。蓄勁如張弓，發勁如放箭。曲中求直，蓄而後發。力由脊發，步隨身換。收即是放，斷而復連，往復須有摺疊，進退須有轉換，極柔軟，然後極堅剛，能呼吸，然後能靈活。氣以直養而無害，勁以曲蓄而有餘。心爲令，氣爲旗，腰爲纛。先求開展，後求緊湊，乃可臻於縝密矣。

又曰，彼不動，己不動。彼微動，己先動。勁似鬆非鬆，將展未展，勁斷意不斷。又曰，先在心，後在身，腹鬆氣沉入骨。神舒體靜，刻刻在心。切記一動無有不動，一靜無有不靜。牽動往來氣貼背，而歛入脊骨，內固精神，外示安逸。邁步如貓行，運勁如抽絲。全身意在精神不在氣，在氣則滯。有氣則無力，無氣則純剛。氣若車輪，腰如車軸。

四、十三勢歌

十三勢來莫輕視，命意源頭在腰際。變轉虛實須留意，氣遍身軀不少滯。靜中觸動動猶靜，因敵變化示神奇。勢勢存心揆用意，得來不覺費功夫。刻刻留心在腰間，腹內鬆淨氣騰然。尾閭中正神貫頂。滿身輕利頂頭懸。仔細留心向推求，屈伸開合聽自由。入門引路須口授，功夫無息法自修。若言體用何為準，意氣君來骨肉臣。想推用意終何在，益壽延年不老春。歌兮歌兮百四十，字字真切意無遺。若不向此推求去，枉費功夫貽歎息。

五、體用歌

太極拳，十三勢，妙在二氣分陰陽，化生千億歸抱一，歸抱一。太極拳，兩儀四象渾無邊，御風何似頂頭懸。我有一轉語，今為知者吐，湧泉無根腰無主，力學垂死終無補。體用相兼豈有他，浩然氣能存乎手。掤捋擠按採挒肘靠進退顧盼定，不化自化走自走，足欲向前先挫後。身似行雲打手安用手，渾身是手手非手，但須方寸隨時守所守。

六、打手歌

掤捋擠按須認眞，上下相隨人難近。任他巨力來打吾，牽動四兩撥千斤。引進落空合即出，沾連黏隨不丟頂。

小往大來話太極

建議售價・300元

國家圖書館出版品預行編目資料

小往大來話太極／李清標著. 一初版.一臺
中市：白象文化，民100.12
　　　面：　公分.
ISBN 978-986-6047-47-3（平裝）
1.太極拳　2.宗教哲學
528.972　　　　　　　　　　100019451

作　　者：李清標
校　　對：李清標
專案主編：蔡谷英
文字編輯：黃麗穎
編輯助理：劉承薇、林榮威
美術設計：何佳誼、賴澧淳
美術副總編：張禮南
副總編輯：徐錦淳
總編輯：水邊
經銷部：王景康、吳博文、李莉吟、林琬婷
業務部：許淑芬、陳怡秀、洪淑芳、焦正偉
發行人：張輝潭
出版發行・白象文化事業有限公司
　　　　　402台中市南區美村路二段392號
　　　　　出版、購書專線：（04）2265-2939
　　　　　傳真：04-22651171
印　　刷・基盛印刷工場
版　　次・2011年（民100）十二月初版一刷

設計編印

印書小舖

網　　址：www.ElephantWhite.com.tw
電　　郵：press.store@msa.hinet.net